Fabian Sänger

Sweet Inspirations

Fabian Sänger
Impressum

Autor
Fabian Sänger
CH-6030 Ebikon
www.chocolate-culinary.com

Fotografie und Gestaltung
Fabian Sänger

Druck
Buchdruckerei Lustenau GmbH

ISBN: 978-3-033-04076-2

Fabian Sänger

Sweet Inspirations

Fotografie, Gestaltung, Verlag
Fabian Sänger

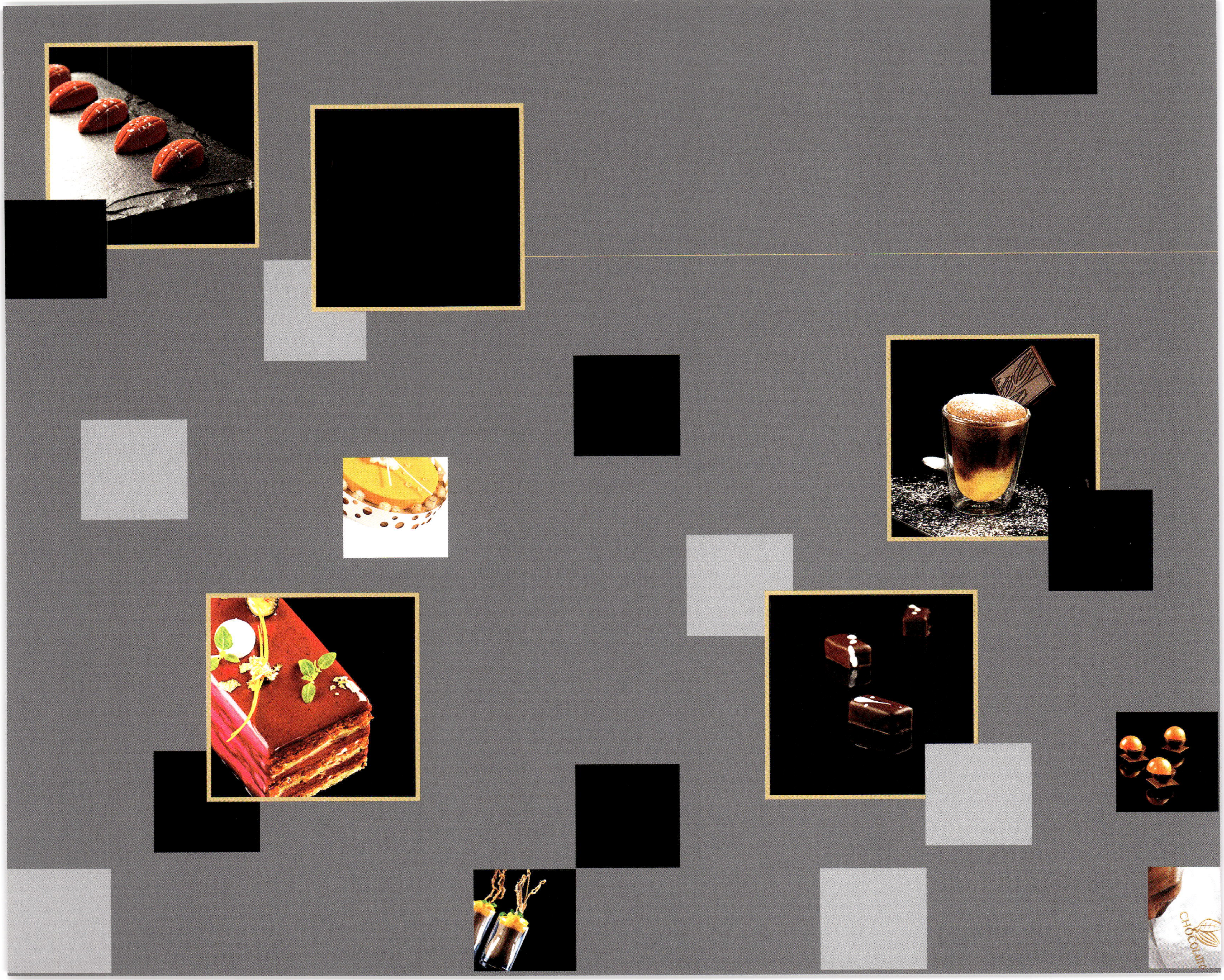

FABIAN SÄNGER

Schon als kleines Kind wollte Fabian Sänger Konditor werden. Und auch heute, nach 13 Jahren, ist es immer noch sein Traumjob (Schoggijob). Seinen beruflichen Werdegang begann er mit der Ausbildung zum Konditor/Confiseur, die er mit Auszeichnung bestand. Anschliessend zog es ihn direkt in die Schweizer Hotellerie, wo er unter anderem als Patissier im Suvretta House, St. Moritz, später als Chefpatissier im Carlton Hotel, St. Moritz, und im Park Hotel Weggis, seine Dessertkünste unter Beweis stellen konnte.
Nach einigen Jahren in der Gastronomie wechselte er in die Industrie, wo er bei der Firma Kambly SA drei Jahre lang in der Produkteentwicklung tätig war.
Fabian Sänger holte sich immer wieder Medaillen und Siege bei nationalen und internationalen Wettbewerben, unter anderem als Vize-Confiseur des Jahres 2006/07, Patissier des Jahres 2006/07, Swiss Chocolate Master 2009/10 und bei den World Chocolate Masters 2010 in Paris, wo er mit dem Preis für das weltbeste Schokoladendessert ausgezeichnet wurde. In den Jahren 2006 bis 2010 war er Mitglied der Deutschen Kochnationalmannschaft.
2010 gründete er seine Firma CHOCOLATE-Culinary in Luzern. Er arbeitet zudem als Lehrer an der Chocolate Academy Zürich und ist Gastreferent an professionellen nationalen und internationalen Seminaren, wo er sein Wissen gerne weitergibt.

FABIAN SÄNGER

Form his childhood on, Fabian Sänger's wish was to become a pastry chef. And still today, after 13 years, this is his dream job. He started his career with an apprenticeship as pastry chef/confectioner and graduated with excellence. Directly after, he was attracted by the Swiss hotel business where he worked as pastry chef and gave proof of his talent at the Suvretta House, St. Moritz, later as head pastry chef at the Carlton Hotel, St. Moritz and at the Park Hotel Weggis.
Having worked several years in the gastronomy, he changed to industry where he worked three years in the product development for Kamby SA.
Repeatedly, Fabian Saenger has been awarded prizes and won national and international competitions, such as Vice Confiseur of the Year 2006/2007, Patissier of the Year 2006/2007, Swiss Chocolate Master 2009/2010 and the prize for the best chocolate dessert at the World Chocolate Masters Championship 2010 in Paris. He was a member of the national German Culinary Team from 2006 to 2010.
In 2010, he founded his company CHOCOLATE-Culinary in Lucerne. In addition, he works as instructor at the Chocolate Academy Zurich and is eager to share his knowledge as guest instructor at expert seminars worldwide.

INHALTVERZEICHNISS

DESSERT

DESSERT IM GLAS

PATISSERIE

TORTEN

PRALINEN

PETITS FOURS

DESSERT

BROWNIE

300g Butter
400g Zucker
100g Couverture 64% Madagascar Original Rare (Carma)
240g Eier
160g Walnüsse gehackt
160g Mehl
6g Sternanis gemahlen

Butter und Zucker leicht cremig rühren, flüssige Couverture Madagascar „Original Rare" unterrühren. Eier nach und nach zugeben, anschliessend die restlichen Zutaten zügig untermengen. Masse in Rahmen 34 cm * 24 cm streichen, im Umluftofen bei 170°C ca. 15 Min. backen.

VOLLMILCHMOUSSE

80g Eier
25g Zucker
120g Milch Couverture Claire 33% (Carma)
4g Blattgelatine
300g Rahm 35% (Emmi)

Eier mit Zucker warm aufschlagen, geschmolzene Couverture sowie die eingeweichte Gelatine zugeben. Den geschlagenen Rahm unterheben und die Mousse auf den erkalteten Brownie verteilen, kalt stellen.

APFELGELEE

300g Apfelpüree
50g Zucker
1 Stück Vanilleschote
4g Blattgelatine

Apfelpüree, Zucker und Vanilleschote leicht erwärmen, eingeweichte Gelatine zugeben und das Gelee auf der Mousse verteilen, tiefkühlen und rund ausstechen (5 cm).

SAUERRAHMEIS

160g Eigelb
200g Zucker
300g Saurer Halbrahm (Emmi)
1 Stück Limettensaft/-schale

Eigelb mit Zucker leicht aufschlagen, Saurer Halbrahm sowie Saft und Schale einer Limette zugeben. Masse in der Eismaschine frieren oder im Pacojet herstellen.
Eis in 5 cm Flexipan-Saverinringe dressieren und nochmals tiefkühlen.
Aus den Formen lösen und mit gelber sowie roter Kakaobutter besprühen.

Rezept für ca. 24 Portionen

BROWNIE

APFEL, STERNANIS, WALNÜSSE

PASSIONSFRUCHT-BISCUIT

100g	Butter
110g	Puderzucker
125g	Eier
75g	Passionsfruchtsaft
1 Stück	Vanilleschote
150g	Mehl
90g	Mandeln gemahlen
7g	Backpulver
1 Stück	Langer Pfeffer
	etwas Salz

Butter mit Puderzucker schaumig schlagen. Eier und Passionsfruchtsaft langsam unter die Masse rühren. Zum Schluss die restlichen Zutaten zügig unterrühren. In einen Rahmen von 17 cm * 24 cm streichen und im Umluftofen bei 180°C ca. 10 Min. backen.

PASSIONSFRUCHTSIRUP

80g	Passionsfruchtsaft
25g	Zucker
1 Stück	Langer Pfeffer

Passionsfruchtsaft mit Zucker aufkochen und den gemahlenen langen Pfeffer zugeben. Den Sirup auf den erkaltenten Biscuit verteilen.

QUARKMOUSWSE

250g	Magerquark (Emmi)
1 Stück	Vanilleschote
80g	Passionsfruchtsaft
12g	Blattgelatine
500g	Rahm 35% (Emmi)
100g	Eiweiss
140g	Zucker

Den Magerquark mit Vanille und Passionsfruchtsaft verrühren. Die eingeweichte, aufgelöste Gelatine unterrühren sowie den geschlagenen Rahm. Eiweiss mit Zucker steif schlagen und ebenfalls unterheben. Die Mousse auf den Biscuit verteilen und tiefkühlen.

ERDBEER-HIMBEER-GELEE

125g	Himbeerpüree
125g	Erdbeerpüree
35g	Zucker
6g	Blattgelatine

Himbeerpüree, Erdbeerpüree, Zucker leicht erwärmen und die eingeweichte Gelatine darin auflösen. Das Gelee auf die gefrorene Mousse giessen. Mousse mit einem Ø 5 cm Ring ausstechen.

ERDBEEREIS

200g	Milch
110g	Zucker
1 Stück	Vanilleschote
50g	Eigelb
200g	Rahm 35% (Emmi)
200g	Erdbeerpüree
20g	Grand Marnier Extrait 50%Vol. (Lateltin)

Milch, Zucker und Vanille aufkochen. Etwas von der heissen Flüssigkeit mit dem Eigelb verrühren und wieder zur Eismasse zurückgeben. Die Masse auf 85°C erwärmen und durch ein Sieb giesen. Die restlichen Zutaten unterrühren und 12Std. kalt stellen. In der Eismaschine oder im Pacojet herstellen.

EIWEISS-BAISER-HAUBEN

100g	Zucker
100g	Eiweiss
100g	Zucker

Eiweiss mit etwas Zucker zu Schnee schlagen, zum Schluss den restlichen Zucker zugeben und kleine Tupfen auf eine Silpat-Matte dressieren. Bei ca. 50°C trocknen.

Rezept für ca. 15 Portionen

ERDBEER

QUARK, PASSIONSFRUCHT

Rezept für ca. 12 Portionen

PFIRSICH
AMARETTI

BISCUIT

150g	Eier
100g	Carmaretti (Carma)
20g	Mehl
10g	Stärke
20g	Butter

Eier mit Carmaretti schaumig schlagen. Mehl sowie Stärke unterheben und zum Schluss die geschmolzene Butter. Die Masse ca. 50cm * 30 cm gross auf ein Backpapier oder eine Backmatte streichen und im Umluftofen bei 180°C ca. 8 Min backen.

PFIRSICHMOUSSE

300g	Pfirsichpüree
6g	Blattgelatine
200g	Rahm 35% (Emmi)
50g	Eiweiss
40g	Zucker

Pfirsichpüree mit der aufgelösten Gelatine mischen und den geschlagenen Rahm unterheben. Eiweiss mit Zucker steif schlagen und ebenfalls unterheben. Die Mousse zügig in Flexipan-Ringe Ø 18 cm einfüllen und tiefkühlen. Mit gelber und roter Kakaobutter absprühen.

PFIRSICHKOMPOTT

6 Stück	frische Pfirsiche
	etwas Vanille
	etwas Brillant Gel (Carma)

Frische Pfirsiche in Würfel schneiden und mit etwas Vanille und Brillant Gel mischen.

Rezept für ca. 20 Portionen

GRAPEFRUIT
APFEL, SELLERIE

KNUSPER BODEN

90g	Weisse Couverture Ivoire 35% (Carma)
30g	Kakaobutter (Carma)
160g	karamellisierter Puffreis
1 Stück	Limettenabrieb
	etwas Fleur de Sel

Weisse Couverture mit Kakaobutter schmelzen, anschliessend Puffreis und die Schale der frischen Limette mit etwas Fleur de Sel unterrühren. Die Masse ca. 5 mm dünn auf ein Backpapier streichen. Kurz kühl stellen, damit die Couverture fest wird. Anschliessend in 8 cm * 3 cm grosse Stücke schneiden.

GRAPEFRUITMOUSSE

500g	Grapefruitsaft
16g	Blattgelatine
100g	Eigelb
125g	Zucker
250g	Rahm 35% (Emmi)

Grapefruitsaft mit der aufgelösten Gelatine mischen. Eigelb und Zucker warm aufschlagen und unter die Grapefruitmasse geben, zum Schluss den geschlagenen Rahm zügig unterheben. Die Mousse in 2 mit Plastikfolie ausgelegte Plastikröhren füllen, 50 cm * 3 cm Durchmesser und tiefkühlen. In 5 cm Stücke schneiden und leicht mit pink eingefärbter Kakaobutter absprühen.

APFEL-ZITRONENGRAS-SORBET

85g	Zucker
30g	Glukosepulver
1g	Stabilisator
90g	Wasse
2 Stück	Zitronengrass
250g	Grüner Apfel
5g	Stangen Sellerie (Blätter)

Zucker, Glukosepulver, Stabilisator und Wasser aufkochen. Zitronengrass zugben und die Masse 12Std. kalt stellen. Zitronengrass entfernen, frische Apfel in Würfel schneiden und zusammen mit Blätter von Stangensellerie in eine Pacojet Becher einfüllen. Die Äpfel mit dem Sud aufgiessen und tiefkühlen.

LEICHT KANDIERTER SELLERIE

200g	Wasser
120g	Zucker
200g	Stangen Sellerie

Wasser mit Zucker aufkochen und den geschälten, in Stücke geschnittenen Sellerie zugeben, weich kochen. Abkühlen lassen und mit frischen Grapefruitfilets servieren

Rezept für ca. 12 Portionen

KAFFEE

ZITRONE, ROSINEN

ZITRONENSORBET

270g	Wasser
180g	Zucker
150g	Zitronensaft

Wasser und Zucker aufkochen, Zitronensaft zugeben und in der Eismaschine frieren oder im Pacojet herstellen.

SCHOKOLADENBISCUIT

75g	Mandelmasse 1:1 (Carma)
60g	Zucker
50g	Eigelb
25g	Eier
25g	Mehl
25g	Kakaopulver (Carma)
50g	dunkle Couverture Bourbon 50% (Carma)
30g	Butter
75g	Eiweiss
30g	Zucker
30g	Rosinen
30g	Rum Legendario Dorado 5Y 38%Vol. (Lateltin)

Mandelmasse, Zucker, Eigelb und Eier aufschlagen. Anschliessend Mehl, Kakaopulver sowie die gehackte Couverture untergeben. Zum Schluss Eiweiss und Zucker aufschlagen und unterheben.
In einen Rahmen von 17 cm * 24 cm streichen und mit den eingelegten Rosinen bestreuen.
Im Umluftofen bei 180°C ca. 15 Min. backen.

KAFFEECREME

250g	Rahm 35% (Emmi)
30g	Kaffeebohnen
1 Stück	Vanilleschote
70g	Zucker
100g	Eigelb
6g	Blattgelatine

Rahm einmal aufkochen und die grob gemahlene Kaffeebohnen zugeben und 24 Std. ziehen lassen. Kaffeebohnen absieben und die Rahmmischung mit den restlichen Rohstoffen mischen und auf 85°C erwärmen. Gelatine zugeben, etwas abkühlen lassen, auf den Biscuit giessen und Tiefkühlen. In 3.5 cm * 8 cm grosse Stücke schneiden.

QUARKSAUCE

150g	Rahmquark (Emmi)
30g	Zucker

Rahmquark mit Zucker verrühren und mit einem Kamm auf dem Teller anrichten, nach Wunsch garnieren.

KAROTTENBISCUIT

60g	Eigelb
50g	Zucker
220g	Haselnüsse gemahlen
40g	Mehl
300g	Karotten gerieben
1 Stück	Zitronensaft/-schale
5g	Backpulver
90g	Eiweiss
100g	Zucker

Eigelb und Zucker schaumig schlagen. Die gemahlenen Haselnüsse, Mehl, geriebene Karotten, Zitronensaft und Schale sowie Backpulver unterrühren. Eiweiss mit Zucker steif schlagen und unter die Masse heben. Die Masse in einen Rahmen von 24 cm * 34 cm verteilen und im Umluftofe bei 170°C ca. 15 Min. backen.

KAROTTEN-ORANGEN SORBET

90g	Karotten
200g	Orangensaft
1 Stück	Vanilleschote
40g	Zucker

Karotten mit dem Orangensaft, Vanille und dem Zucker weich dünsten.
Mit dem Mixer mixen und in der Eismaschine frieren oder im Pacojet herstellen

NOUGATMOUSSE

40g	Milch
20g	Eigelb
60g	Praline 1:1 dunkel (Carma)
180g	dunkle Couverture Bourbon 50% (Carma)
4g	Blattgelatine
240g	Rahm 35% (Emmi)

Milch und Eigelb auf 85°C erwärmen, Praline 1:1 dunkel sowie geschmolzene Couverture unterrühren. Die aufgelöste Gelatine sowie den geschlagenen Rahm unterheben. Die Mousse auf den Biscuit verteilen und Tiefkühlen. Mit einem runden Ausstecher ø 6.5 cm ausstechen.

ORANGENKOMPOTT

6 Stück	Orangen
60g	Zucker
2 Stück	Vanileschote
18g	Pektin Gelbband

Die Orangen filetieren. Saft, Zucker, Vanilleschote und Pektin aufkochen. Die Orangenfilets zugeben und kalt stellen.

ESSPAPIER

100g	Passionsfruchtsaft
20g	Zucker
15g	Eiweiss

Passionsfruchtsaft mit Zucker und Eiweiss kurz mixen. Die Masse auf eine Backmatte sehr dünn verteilen und im Umluftofen bei 100°C ca. 30 Min trocknen.
Tipp: Kann auch mit anderen Früchten verwendet werden

Rezept für ca. 12 Portionen

KAROTTE

ORANGE, NUSS

Rezept für ca. 18 Portionen

WELTBESTES SCHOKOLADEN DESSERT

SCHOKOLADE, INGWER, BIRNE

WORLD CHOCOLATE MASTER 2009

Rezept für ca. 18 Portionen

WELTBESTES SCHOKOLADEN DESSERT

SCHOKOLADE, INGWER, BIRNE

BIRNENSORBET

75g	Zucker
100g	Wasser
250g	Birnenpüree
10g	Williamsgeist 40%Vol.(Lateltin)

Zucker und Wasser aufkochen, Birnenpüree sowie Williamsgeist ebenfalls zugeben in der Eismaschine frieren oder im Pacojet zubereiten.

KNUSPERBODEN

40g	Butter
160g	Couverture Vollmilch Claire 33% (Carma)
360g	Praline 1:1 hell (Carma)
80g	Pate Feuilletine (Cacao-Barry)
60g	Haselnüsse gehackt, geröstet
40g	Kaffeebohnen grob gehackt
	etwas Orangen Schale

Butter und Couverture schmelzen und die restliche Zutaten zügig unterrühren. Die Masse zwischen 2 Silikonpapieren ca. 3 mm dünn ausrollen. Kalt stellen, dünn mit dunkler temperierter Couverture bestreichen. Wenden und in 4 cm * 4 cm Stücke schneiden.

NUSSCREME

50g	Milch
10g	Zucker
15g	Eigelb
7g	Stärke
50g	Praline 1:1 hell (Carma)
1g	Blattgelatine
165g	Rahm 35% (Emmi)

Milch, Zucker, Eigelb und Stärke zu einer Creme kochen. Praline hell und die eingeweichte Gelatine unterrühren und auf ca.25°C abkühlen lassen. Anschliessend den geschlagenen Rahm unterheben. Die Creme ca. 1cm dick in einen Rahmen streichen, tiefkühlen und in 2,5 cm * 2,5 cm Stücke schneiden.

SCHOKOLADENMOUSSE

75g	Eier
30g	Zucker
110g	Couverture Madagascar 64% Original Rare (Carma)
4g	Blattgelatine
300g	Rahm 35% (Emmi)

Zucker und Eier warm/kalt aufschlagen. Die Couverture schmelzen und unterrühren. Die aufgelöste Gelatine ebenfalls unterrühren. Den geschlagener Rahm unterheben und die Mousse in Flexipan-Würfelformen von 3,5 cm * 3,5 cm füllen. Die geschnittenen Nusscreme eindrücken und glatt streichen. Tiefkühlen und mit roter Kakaobutterfarbe absprühen. Den Moussewürfel auf den Feuilletine-Boden setzen.

BROWNIE

90g	Butter
100g	Zucker
50g	Couverture Madagascar Original Rare 64% (Carma)
60g	Eier
40g	Walnüsse gehackt
40g	Mehl
5g	frischer Ingwer
15g	kandierter Ingwer

Butter und Puderzucker leicht geschmeidig rühren. Flüssige Couverture Madagascar „Original Rare" unterrühren. Eier nach und nach zugeben, anschliessend die restlichen Zutaten zügig untermengen. Die Masse in Flexipan Formen von Ø 4 cm abfüllen und im Umluftofen bei 165°C für ca. 15 Min. backen.

KUMQUATRAGOUT

160g	Kumquats
100g	Zucker
200g	Wasser
1/4 Stck.	Vanilleschote
3g	Pektin Gelbband
20g	Grand Marnier Extrait 50%Vol. (Lateltin)
10g	Pistazien gehackt

Kumqauats halbieren, entkernen und kurz in heissem Wasser blanchieren. Abtropfen lassen und mit den restlichen Zutaten langsam weich kochen.

BIRNENRAGOUT

2 Stk.	Birnen
100g	Weisswein (Lateltin)
50g	Zucker
1 Stück	Vanilleschote

Die Birnen schälen in kleine Würfel schneiden und im Sud weich köcheln lassen. In Gläschen verteilen und den Brownie aufsetzen. Kurz vor dem Servieren in der Mikrowelle erwärmen.

BIRNENSCHAUM

250g	Birnensaft
2g	Lecithinpulver

Kurz vor dem servieren mit den Stabmixer aufschäumen.

Rezept für ca. 18 Portionen

CASSISCREME
SCHOKOLADE, APRIKOSEN

CASSISCREME

60g	Rahm 35% (Emmi)
40g	Cassispüree
5g	Cassis de Bourgogne Simon Ainé 15% (Lateltin)
15g	Eigelb
2g	Blattgelatine
80g	Rahm 35% (Emmi)
35g	Eiweiss
35g	Zucker

Rahm, Cassispüree, Cassislikör sowie Eigelb unter ständigem Rühren zur Rose (85°C) erhitzen. Durch ein Sieb passieren, abkühlen lassen. Unter die kalte Masse die aufgelöste Gelatine, den geschlagenen Rahm unterheben und zum Schluss das geschlagene Eiweiss unterheben.
In ø 3,5 cm grosse Flexipan-Halbkugeln füllen und tiefkühlen.

SCHOKOLADENMOUSSE

130g	Rahm 35% (Emmi)
200g	Weisse Couverture Ivoire 35% (Carma)
30g	Krokant
4g	Blattgelatine
250g	Rahm 35% (geschlagen)

Rahm aufkochen, Topf vom Herd nehmen und die Couverture zugeben. Schmelzen und kurz mit dem Mixer homogenisieren. Auf 35°C abkühlen lassen, anschliessend zügig den geschlagenen Rahm unterheben. In Rahmen von 17 cm * 24 cm füllen und tiefkühlen.

SCHOKOLADENBISCUIT

150g	Couverture Madagascar Original Rare 64% (Carma)
30g	Butter
40g	Eigelb
120g	Eiweiss
40g	Zucker

Couverture und Butter schmelzen, Eigelb unterrühren. Eiweiss mit Zucker steif schlagen und zügig unter die Schokoladenmasse heben. Masse ca. 1 cm dick auf eine Backmatte oder Backpapier aufstreichen und im Umluftofen bei 170°C ca. 12 Min. backen.

CASSISGLASUR

160g	Rahm 35% (Emmi)
200g	Cassispüree
70g	Glukose
140g	weisse Couverture Ivoire 35% (Carma)
10g	Blattgelatine

Rahm, Cassispüree und Glukose einmal aufkochen. Die heisse Flüssigkeit über die feste weisse Couverture giessen. Die eingeweichte Gelatine zugeben und ohne Luftblasen mixen.
Verarbeitungstemperatur: ca. 30° C
Die gefrorenen Cassiskugeln mit der Glasur überziehen und auf das Schokoladenmousse setzen. Nach Wunsch ausgarnieren.

APRIKOSENKRUSTE

250g	Zucker
120g	Wasser
100g	Le Vieil Apricot des Trois Rois 40%Vol. (Lateltin)

Zucker mit Wasser auf 118°C erhitzen. Anschliessend den Le Vieil Apricot sowie gelbe Lebensmittelfarbe mit dem Schneebesen unterrühren. Die Flüssigkeit in die vorbereiteten warmen Puderkastenformen füllen. Ca. 4-6 Std. auskristallisieren lassen. Auspudern und mitgelber Kakaobutterfarbe absprühen.
Tipp: Unbedingt mit dem Schneebesen rühren, da dann bereits Kristalle gebildet werden und schneller eine Kruste entsteht.

APRIKOSENKOMPOTT

30g	Zucker
100g	Wasser
15g	Amaretto DelFino (Lateltin)
1 Stück	Vanilleschote
	etwas Stärke
6 Stück	Aprikosen
10g	Pistazien, gehackt

Zucker, Wasser, Amaretto und die Vanilleschote kochen und leicht mit angerührter Stärke binden. Frische Aprikosen je nach Grösse achteln. Aprikosenspalten in den Topf geben und mit geschlossenem Deckel vorsichtig bei schwacher Hitze weich dünsten. Die gehackten Pistazien unterrühren.

Rezept für ca. 12 Portionen

SCHOKOLADENMOUSSE

KIRSCHGELEE, JOGHURT-BASILIKUM EIS

PISTATZIENBISCUIT

30g	Mandelmasse 1:1 (Carma)
20g	Pistazienpaste
15g	Eigelb
10g	Eier
10g	Butter
10g	Stärke
25g	Eiweiss
10g	Zucker

Mandelmasse und Pistazienpaste mit Eigelb und Eiern cremig aufschlagen. Die flüssige Butter und die Stärke unterrühren. Eiweiss mit Zucker steif schlagen und vorsichtig unter die Masse heben. Die Masse in einen Rahmen von 17 cm * 24 cm streichen und im Umluftofen bei 180°C ca. 9 Min. backen.

SCHOKOLADENMOUSSE

250g	Rahm 35% (Emmi)
230g	Couverture Madagascar Original Rare 64% (Carma)
250g	Rahm (geschlagen)

Rahm einmal aufkochen und über die feste Madagascar Couverture giessen. Unter leichtem Rühren schmelzen und anschliessend mit dem Mixer homogenisieren. Die Ganache auf ca. 40°C abkühlen lassen, geschlagenen Rahm unterheben. Die Mousse nun direkt auf dem Biscuit verteilen und tiefkühlen.

KIRSCHGELEE

200g	Kirschpüree
70g	Zucker
5g	Balsamico
6g	Blattgelatine

Kirschpüree mit Zucker leicht erwärmen, Balsamico sowie eingeweichte Gelatine zugeben und auflösen. In eine mit Folie ausgelegt Form ca. 5 mm hoch giessen, kalt stellen und in 2 cm * 5 cm grosse Stücke schneiden.

SESAMKROKANT

15g	Milch
30g	Butter
15g	Glukose
45g	Zucker
7g	Pektin Gelbband
22g	Sesam schwarz
22g	Sesam weiss

Milch, Butter, Glukose und Zucker auf 106°C aufkochen. Pektin mit Sesam mischen, zugeben und einmal kurz aufkochen. Die heisse Masse zwischen zwei Lagen Backpapier dünn ausrollen. Das obere Papier abziehen (falls das Backpapier klebt, für einige Minuten in den Kühlschrank stellen) und im Umluftofen bei 170°C ca. 15 Min. goldbraun backen. Noch warm in 5 cm * 5 cm Stücke schneiden und vor Feuchtigkeit schützen.

JOGHURT-BASILIKUM EIS

80g	Eigelb
100g	Zucker
250g	Joghurt (Emmi)
	etwas Limettensaft/-schalen
ca. 9g	frischer Basilikum

Eigelb und Zucker leicht schaumig schlagen. Die restlichen Zutaten unterrühren und in der Eismaschine gefrieren. Basilikumblätter in feine Streifen schneiden und unter die gefrorene Eismasse mischen. Das Eis kann auch im Pacojet hergestellt werden.

KIRSCHSAUCE

250g	Kirschpüree
100g	Brillant-Gel (Carma)
10g	Kirsch Berghof 40%Vol. (Lateltin)

Alle Zutaten verrühren.

Rezept für ca. 12 Portionen

SCHOKOLADENMOUSSE

ANIS, CASSIS

SORBET

185g	Wasser	Wasser und Zucker aufkochen, Cassispüree zugeben und in der Eismaschine frieren oder im Pacojet herstellen.
120g	Zucker	
250g	Cassispüree	

SCHOKOLADENBISCUIT

75g	Couverture Madagascar Original Rare 64% (Carma)	Couverture und Butter schmelzen, Eigelb unterrühren. Eiweiss mit Zucker steif schlagen und zügig unter die Schokoladenmasse heben. Masse ca. 1 cm dick auf eine Backmatte oder Backpapier aufstreichen, mit ganzem Anis bestreuen und im Umluftofen bei 160°C ca. 11 Min. backen. In Rechtecke von 4 cm * 9 cm schneiden.
17g	Butter	
15g	Eigelb	
75g	Eiweiss	
20g	Zucker	
6g	Anis	

SCHOKOLADENMOUSSE

130g	Rahm 35% (Emmi)	Rahm aufkochen, Topf vom Herd nehmen und Couverture zugeben. Schmelzen und kurz mit dem Mixer homogenisieren. Auf 35°C abkühlen, zügig den geschlagenen Rahm unterheben. Mousse in Silikon-Formen von 3 cm * 3 cm * 50 cm füllen und tiefkühlen. In 8 cm lange Stücke schneiden und mit weiss eingefärbter Kakaobutter besprühen.
200g	Weisse Couverture Ivoire 35% (Carma)	
4g	Blattgelatine	
250g	Rahm 35% (geschlagen)	

CASSISSAUCE

200g	Cassispüree	Cassispüree, Brillant-Gel sowie etwas Vanille mischen.
50g	Brillant-Gel (Carma)	
	Vanilleschote	

Rezept für ca. 12 Portionen

KALAMANSI-CREME
CHAMPAGNER, PFEFFERMINZ, KOKOS

BAUMKUCHEN

65g	Butter
12g	Rum
15g	Mandelmasse 1:1 (Carma)
80g	Eigelb
30g	Zucker
100g	Eiweiss
30g	Zucker
50g	Mehl
25g	Stärke

Butter, Rum, Marzipan, Eigelb und Zucker glatt rühren. Eiweiss mit Zucker steif schlagen und unter die Masse heben. Anschliessend Mehl mit Stärke sieben und ebenfalls vorsichtig unterheben.
Die Masse ca. 2 mm dünn in eine mit Backpapier ausgelegte Form streichen und unter dem Backofengrill goldbraun backen. Die 2. Schicht auftragen und so lange wiederholen bis die Masse aufgebraucht ist. Den Ausgekühlten Baumkuchen in ca. 5 mm breite Streifen schneiden und in einen Rahmen 17 cm * 24 cm flach einlegen.

KALAMANSI-CREME

150g	Zucker
100g	Kalamansisaft
100g	Butter
200g	Eier
4g	Blattgelatine

Zucker, Kalamansisaft und Butter aufkochen. Eier zügig unterrühren und einmal aufkochen. Die heisse Masse durch ein Sieb passieren, eingeweichte Gelatine zugeben. Etwas abkühlen lassen und auf den ausgelegten Baumkuchen giessen, tiefkühlen und gefroren in 3,5 cm * 7 cm grosse Stücke schneiden. Vor dem Servieren mit braunem Zucker karamellisieren.

CHAMPAGNER-MINZ-SPOOM

10g	Zucker
125g	Champagner
	Zitronen-/Orangenschalen
125g	Champagner (Lateltin)
20g	Eiweiss
20g	Zucker
2 Blatt	frische Pfefferminze

Zucker, Champagner sowie etwas Schale von der Zitrone/Orange kurz aufkochen. Restlichen Champagner zugeben und in der Eismaschine frieren. Kurz vor dem Servieren Eiweiss mit Zucker steif schlagen und mit der Eismasse mischen. Fein geschnittene Pfefferminze zügig untermischen.
Kann nur im Glas und sofort serviert werden.

FRITIERTER TRÜFFEL

20g	Batida de Coco
30g	Milch
30g	Butter
100g	Couverture Madagascar Original Rare 64% (Carma)
10g	Eigelb

Batida de Coco, Milch und Butter aufkochen. Couverture zugeben und schmelzen. Eigelb unterrühren und alles kurz mit dem Mixer homogenisieren, abkühlen lassen und in weisse Pralinen-Hohlkugeln füllen. Mit temperierter Couverture verschliessen und tiefkühlen.

AUSBACKTEIG

100g	Mehl
70g	Zucker
150g	Milch
30g	Eier

Alle Zutaten miteinander verrühren und ca. 30 Minuten kalt stellen. Gefrorene Kugeln in Mehl wenden, im Ausbackteig und anschliessend in Kokosraspeln wenden. Gefrorene Kugeln in heissem Fett goldbraun ausbacken.

DESSERT IM GLAS

Rezept für ca. 18 Portionen

PUMPERNICKEL-PARFAIT
SCHWARZKIRSCHEN, MANDEL, CHILI

CHILI-MANDEL-TUILE

50g	Eiweiss
120g	Puderzucker
120g	Mandel gemahlen
30g	Mehl
ca. 1g	Chilipulver

Eiweiss mit Puderzucker verrühren, die restlichen Zutaten zugeben und gut mischen. Die Masse zwischen zwei Lagen Backpapier dünn ausrollen, das obere Backpapier abziehen. Im Umluftofen bei 170°C ca. 12 Min. backen.

PARFAIT

40g	Eigelb
50g	Zucker
1 Stück	Vanilleschote
10g	Kirsch Berghof 40%Vol. (Lateltin)
50g	Pumpernickel
100g	Schwarzkirsch-Püree
180g	Rahm 35% (Emmi)

Eigelb und Zucker mit der Vanille warm/kalt schlagen. Kirschgeist mit Pumpernickel mischen und grob bröseln. Die Pumpernickelbrösel und das Kirschpüree unterrühren und zum Schluss den geschlagenen Rahm unterheben.
Die Parfaitmasse in Flexipan-Halbkugeln mit ø 4 cm dressieren und tiefkühlen. Je 2 Halbkugeln zusammensetzen und mit roter Kakaobutter besprühen. In eine dünne Halbkugel-Couvertureschale setzen.

Rezept für ca. 30 Portionen

QIMIQ-HIMBEER
PISTAZIEN

PISTAZIEN BISCUIT

60g	Pistazienpaste
125g	Eigelb
50g	Zucker
125g	Eiweiss
75g	Zucker
100g	Mehl

Pistazienpaste mit Eigelb und Zucker schaumig schlagen. Eiweiss mit Zucker zu Schnee schlagen und unter die Eigelb, Pistazienmasse heben, zum Schluss das Mehl unterheben. Auf eine Backmatte oder Backpapier 60 cm * 40cm auf streichen und im Umluftofen bei 180°C ca. 7 Min. backen. Auskühlen lassen, ø 4 cm ausstechen und in Ringe von ø 5.5 cm einlegen. Den restlichen Biscuit in 2.5 cm breite Streifen schneiden und später um die gefrorene Mousse legen.

QIMIQ-HIMBEERMOUSSE

750g	QimiQ Whip, gekühlt (Emmi)
360g	Himbeerpüree
30g	Zitronensaft
150g	Zucker
60g	Himbeergeist Berghof 40%Vol.(Lateltin)

QimiQ Wip gekühlt mit den restlichen Zutaten verrühren und anschliessend zum gewünschten Volumen aufschlagen. Die Mousse in die vorbereiteten Ringe dressieren und glatt streichen. Tiefkühlen.
Gefrorene Mousse mit den Biscuit streifen umlegen und nach Wunsch ausgranieren.

ZIEHER

Rezept für ca. 30 Portionen

HIMBEEREN

BUTTERSTREUSEL

100g	Butter
100g	Zucker
20g	Mandeln gemahlen
180g	Mehl
	Vanille, Salz, Zitronenschale

Die Butter mit Zucker leicht aufschlagen. Die restlichen Zutaten unterrühren und kleine Streusel auf ein Backpapier streuen. Im Umluftofen bei 180°C ca. 10 Min. backen.

HIMBEERCREME

230g	Himbeerpüree
60g	Zucker
3g	Cremepulver
30g	Kakaobutter Mycryo (Cacao-Barry)
20g	Himbeergeist Berghof 40%Vol. (Lateltin)
200g	Rahm 35% (Emmi)

Das Himbeerpüree, Zucker und das Cremepulver aufkochen. Die Kakaobutter unterrühren und auf ca. 25°C abkühlen. Den geschlagenen Rahm unterheben und Gläser zu 2/3 füllen.

Rezept für ca. 30 Portionen

ESTRAGONMOUSSE

APRIKOSE, MANDEL, SCHOKOLADE

MANDELBISCUIT

100g	Eier
60g	Zucker
100g	Mandeln gemahlen
20g	Mehl
50g	Eiweiss
14g	Zucker

Eier mit Zucker aufschlagen, Mandel, Mehl mischen und zugeben. Eiweiss mit Zucker steif schlagen und ebenfalls unterheben. Masse ca. 5 mm dünn auf eine Backmatte oder Backpapier aufstreichen. Im Umluftofen bei 170°C ca. 10 Min. backen.

SCHOKOLADENMOUSSE

130g	Rahm 35% (Emmi)
240g	Weisse Couverture Ivoire 35% (Carma)
40g	Mandel-Krokant
4g	Blattgelatine
240g	Rahm 35% (Emmi)

Den Rahm aufkochen. Topf vom Herd nehmen und Couverture zugeben. Auf 35°C abkühlen lassen, dann den Krokant sowie den geschlagenen Rahm unterheben. Die Mousse in Flexipan-Halbkugeln mit ø 4 cm füllen und tiefkühlen. Die Halbkugeln mit gelber und roter Kakaobutter besprühen.

ESTRAGONCREME

250g	Milch
80g	Zucker
20g	frischer Estragon
100g	Eigelb
8g	Blattgelatine
220g	Rahm 35% (Emmi)

Milch, Zucker und den frischen Estragon über Nacht ziehen lassen. Den Estragon absieben und die Milch-Estragon-Mischung mit Eigelb zur Rose (85°C) abziehen. Durch ein Sieb passieren und die eingeweichte Gelatine dazugeben. Die Masse erkalten lassen und den geschlagenen Rahm unterheben.

APRIKOSENGELEE

200g	Aprikosenpüree
15g	Zucker
4g	Blattgelatine
1og	Aprikosen Brandy DelFino 45%Vol. (Lateltin)

Das Aprikosenpüree mit Zucker erwärmen, die Gelatine und den Aprikosen-Brandy hinzufügen.

Das Aprikosengelee in Gläser füllen und fest werden lassen. Den Biscuit rund ausstechen, auf das Gelee legen und die Estragonmousse einfüllen. Die Gläser kalt stellen und mit der Schokoladenmousse Halbkugel abschliessen. Mit einem Pfefferminzblatt sowie mit Brillant-Gel (Carma) kleine Tropfen ausgarnieren.

ZIEHER
ZIEHER

Rezept für ca. 20 Portionen

CRUMBLE

WALDBEEREN, KARAMELL, FLEUR DE SEL

CRUMBLE

125g	Butter
60g	brauner Zucker
30g	Kokosraspeln
75g	Mehl
20g	Haferflocken
600g	Waldbeeren (tiefgekühlt)
20g	Stärke

Butter, brauner Zucker, Kokosraspeln, Mehl und Haferflocken zügig mischen. Auf ein Blech bröseln und kalt stellen. Die tiefgekühlten Waldbeeren mit Stärke mischen und in Gläser verteilen, die Crumble darauf verteilen.
Im Umluftofen bei 170°C ca. 15 Min. backen.

KARAMELL FLEUR DE SEL SAUCE

100g	Zucker
500g	Milch
1 Stück	Vanilleschote
3g	Fleur de Sel
250g	Rahm 35% (Emmi)
100g	Eigelb

Zucker, Milch, Vanilleschote, Fleur de Sel und Rahm aufkochen. Etwas von der heissen Flüssigkeit mit Eigelb mischen und wieder in den Topf geben. Das Ganze auf 85°C erwärmen. Durch ein Sieb giessen und mit dem Mixer aufschäumen.

Rezept für ca. 30 Portionen

GRÜNTEE
GRIOTTEN

GRÜNTEECREME

400g	Milch
160g	Eigelb
240g	Zucker
60g	Cremepulver
8g	Blattgelatine
8g	Grünteepulver
1000g	Rahm 35% (Emmi)

Aus Milch, Eigelb, Zucker und Cremepulver eine Creme kochen. Anschliessend die Gelatine sowie das Grünteepulver einrühren. Die Creme auf ca.35°C abkühlen lassen und den geschlagenen Rahm unterheben.
In Silikonkugeln mit ø 4,5 cm abfüllen und tiefkühlen.
Gefrorene Kugeln mit einem Zahnstocher auf einer Styropor-Platte fixieren, mit grüner Kakaobutter besprühen und mit weisser Kakaobutterfarbe leicht bespritzen.

GRIOTTENKOMPOTT

300g	Kirschpüree
90g	Bergamotte-Saft
60g	Zucker
18g	Pektin Gelbband
60g	Zucker
240g	eingelegte Griotten

Kirschpüree, Bergamotten-Saft und Zucker aufkochen. Pektin mit Zucker mischen und zugeben. Alles einmal aufkochen lassen und mit den eingelegten Griotten mischen, kalt stellen.

GRÜNTEE-BISCUIT

540g	Eiweiss
90g	Eigelb
180g	Zucker
90g	Mehl
30g	Stärke
6g	Grünteepulver

Eiweiss, Eigelb, Zucker, Mehl, Stärke und Grünteepulver mit einem Stabmixer gut mixen. In einen iSi-Siphon abfüllen und mit zwei N2O-Kapseln begasen. Bis auf halbe Höhe in kleine Plastikbecher füllen und bei 400 Watt ca. 30 Sekunden in der Mikrowelle „backen". Erkalten lassen und in Stücke zupfen . In Gläser drapieren. Einige Griotten auflegen und zum Schluss die abgesprühten Grünteemousse darübergeben . Nach Wunsch ausgarnieren.

Rezept für ca. 20 Portionen

SCHOKOLADENPUDDING
ZITRONE, ORANGE, INGWER

ZITRUSKOMPOTT

4 Stück	Orangen
4 Stück	Zitronen
	Schale von Zitronen/Orangen
3 Stück	Vanilleschote
15g	Pektin Gelbband
120g	Zucker
12g	Ingwer

Orangen und Zitronen filetieren. Den Saft mit dem Abrieb und der Vanilleschote aufkochen lassen. Pektin mit Zucker mischen und zur heissen Flüssigkeit geben, einige Minuten mitkochen lassen. Zum Schluss den Ingwer fein gerieben zugeben und in Gläser verteilen.

SCHOKOLADENPUDDING

220g	Dunkle Couverture Bourbon 50% (Carma)
220g	Butter
300g	Zucker
450g	Eier
120g	Mehl

Die Couverture mit Butter schmelzen. Nach und nach den Zucker und die Eier, zuletzt das Mehl unterrühren. Die Masse auf das Zitruskompott spritzen und im Umluftofen bei 170°C ca. 18 Min. backen.

ZIEHER

Rezept für ca. 15 Portionen

ZITRONE

ZITRONENCREME

200g	Zucker
200g	Zitronensaft
80g	Butter
160g	Eier

Den Zucker mit Zitronensaft, Butter und Eiern einmal aufkochen. Die Creme kurz mixen und 400 g davon abwiegen, die restlichen Creme zum Garnieren kalt stellen.

ZITRONENMOUSSE

400g	Zitronencreme
8g	Blattgelatine
200g	Rahm 35% (Emmi)

Die heisse Zitronencreme mit der eingeweichten Gelatine mischen. Etwas abkühlen lassen und den geschlagenen Rahm unterheben. Die Creme in Plastikröhrchen ø 3 cm abfüllen und tiefkühlen. Die Stangen aus der Form lösen und in 6 cm lange Stücke schneiden.

Rezept für ca. 30 Portionen

MANGO-KARIBIK

MANGO, KOKOS, SCHOKOLADE

SCHOKOLADENMOUSSE

90g	Zucker
300g	Eier
460g	Couverture Madagascar Original Rare 64% (Carma)
4g	Blattgelatine
1200g	Rahm 35% (Emmi)

Zucker und Eier warm kalt aufschlagen. Die aufgelöste Couverture (ca. 45°C) und die Gelatine unterrühren. Zum Schluss den geschlagenen Rahm unterheben und in Gläser ca. 2/3 hoch füllen.

MANGOKOMPOTT

600g	Mangopüree
150g	Brillant-Gel (Carma)
	etwas Zitronensaft
1 Stück	Vanilleschote
1200g	frische Thai-Mango

Das Mangopüree mit Brillant-Gel, Zitronensaft und ausgekratzter Vanille verrühren. Die frische Mango schälen und in kleine Würfel à 5 mm * 5 mm schneiden. Alles gut miteinander vermischen und vor dem Servieren auf der Schokoladenmousse verteilen.

KOKOSSPAGHETTI

120g	Kokospüree
80g	Mehl
80g	Stärke
80g	Eiweiss
40g	Zucker

Alle Zutaten vermischen und min. 30 Minuten kalt stellen. Mit einem Spritzsack die Masse in heisses Fett spritzen und goldbraun ausbacken, leicht mit Puderzucker abpudern und servieren.

Rezept für ca. 30 Portionen

LAUWARMER SCHOKOLADENKUCHEN
FLÜSSIGER KERN

SCHOKOLADENMASSE

90g	Couverture Madagascar Original Rare 64% (Carma)
100g	Butter
120g	Zucker
150g	Vollei
40g	Mehl

Couverture mit Butter schmelzen, Zucker und Eier nach und nach unterrühren. Zum Schluss Mehl unterrühren und alles in Gläser ca. 2/3 hoch füllen. Masse für min. 1 Stunde kalt stellen. Im Umluftofen bei 170°C ca. 10-12 Min. backen, sofort servieren.
Achtung: Je nach Grösse der Gläschen kann sich die Backzeit verkürzen. Die Gefahr dabei ist, dass der Kern nicht flüssig ist.

PATISSERIE

Rezept für ca. 15 Portionen

BIRNE-SAFRAN

SCHOKOLADE, MANDELN

BIRNEN-SAFRAN-GELEE

120g	Zucker
150g	Weisswein
1 Stück	Vanilleschote
5 Stück	Birnen
100g	Birnenpüree
20g	Williams Berghof 40% Vol. (Lateltin)
4g	Blattgelatine
2 Msp.	Safran

Zucker trocken karamellisieren und mit Weisswein ablöschen. Safran, Vanilleschote sowie die geschälten und in sehr dünne Spalten geschnittene Birnen in dem Karamellsud weich köcheln. Den Sud absieben und mit Birnenpüree mischen, auf 130 g reduzieren. Williams und die eingeweichte Gelatine sowie Birnenspalten zugeben. Gelee in einer Flexipan-Matte 17 cm* 24 cm verteilen und tiefkühlen.

BISCUIT

120g	Eier
50g	Zucker
75g	Mehl
30g	Mandeln gemahlen
25g	Butter

Eier warm/kalt aufschlagen. Mehl, gemahlene Mandeln unterheben und zum Schluss die flüssige Butter unterrühren. Den Biscuit in einen Rahmen von 17 cm * 24 cm verteilen. Im Umluftofen bei 180°C ca. 10 Min. backen.

SCHOKOLADEMOUSSE

40g	Eigelb
30g	Zucker
180g	Milch Couverture Claire 33% (Carma)
6g	Blattgelatine
300g	Rahm 35% (Emmi)

Eigelb mit Zucker warm/kalt aufschlagen. Die Couverture schmelzen und unterrühren. Die eingeweichte Gelatine schmelzen und ebenfalls unterrühren. Zum Schluss den leicht geschlagenen Rahm unterheben. Etwas Mousse auf den Biscuit streichen, anschliessend gefrorenes Birnen-Safran-Gelee auflegen und mit der restlichen Mousse glatt streichen. Im Rahmen einfrieren und in 4,5 cm * 4,5 cm grosse Stücke schneiden. Mit der Glasur überziehen.

GLASUR

100g	Wasser
180g	Zucker
125g	Rahm 35% (Emmi)
60g	Kakaopulver (Carma)
150g	Dunkle Couverture Bourbon 50% (Carma)
100g	Kokosfett
9g	Blattgelatine
	etwas Bronzepulver

Wasser, Zucker und Rahm aufkochen. Die restlichen Zutaten zugeben und ca. 3 Minuten mixen, ohne dass Luftblasen entstehen.
Verarbeitungstemperatur: ca. 30°C

DEKOR-SCHOKOLADENPLATTEN
60 Stück Seitenplatten:5,5cm*5,5cm
15 Stück Bodenplatte: 6cm*6cm
Ausstecher rund: 2,5cm, 1,5cm, 0,5cm
Tiefgefroren mit gelber und roter Kakaobutterfarbe absprühen

Rezept für ca. 60 Portionen

BIRNE

QIMIQ NATURE

ZUCKERTEIG

800g	Butter
350g	Zucker
200g	Eigelb
1000g	Mandelmasse 1:1 (Carma)
1200g	Mehl
	etwas Salz

Butter mit Zucker leicht schaumig schlagen. Das Eigelb nach und nach unterrühren und mit den restlichen Zutaten zügig zu einem Teig kneten. 6 Tarteringe mit ø 9,5 cm auslegen. Im Umluftofen bei 180°C für ca. 20 Min. backen.

BIRNENMOUSSE

1000g	QimiQ Classic Nature (Emmi)
400g	Zucker
200g	Williams Berghof 40% Vol. (Lateltin)

QimiQ mit Zucker und dem Williams leicht cremig schlagen. Die Tartelettes bis zur Hälfte mit der Creme füllen. Anschliessend den Gelee darauf giessen und für einige Minuten in den Tiefkühler stellen, mit Creme abschliessen.

BIRNENGELEE

3000g	Birnenpüree
200g	Zitronensaft
100g	Instantgel-Pulver (Sosa)

Birnenpüree, Zitronensaft und Instantgel-Pulver kurz mit dem Stabmixer mixen.

Rezept für ca. 15 Portionen

NOUGATMOUSSE

MACADAMIANÜSSE, BLUTORANGEN

MANDEL- MACADAMIABISCUIT

60g	Mandelmasse 1:1 (Carma)
80g	Zucker
60g	Eigelb
50g	Butter
40g	Mehl
20g	Stärke
50g	Eiweiss
60g	Zucker
60g	Macadamianüsse gehackt

Mandelmasse und Eigelb aufschlagen, die Butter schmelzen und unterrühren. Zucker und Eiweiss zu Schnee schlagen. Mehl und Stärke unter die Eigelbmasse rühren und zum Schluss das geschlagene Eiweiss unterheben sowie die gahackten Macadamianüsse unterheben. Die Masse ca. 7 mm dick auf Backpapier aufstreichen. Im Umluftofen bei 180 °C ca. 10 Min. backen.

BLUTORANGEN-GELEE

150g	Blutorangensaft
40g	Zucker
4g	Blattgelatine

Blutorangensaft mit Zucker leicht erwärmen, die eingeweichte Gelatine zugeben. In Flexipan-Matten mit 4 cm Ø giessen und tiefkühlen.

NOUGATMOUSSE

20g	Macadamiasirup
40g	Eigelb
120g	Praline 1:1 dunkel (Carma)
360g	Dunkle Couverture Bourbon 50% (Carma)
8g	Blattgelatine
480g	Rahm 35% (Emmi)

Macadamiasirup mit dem Eigelb warm/kalt aufschlagen, Praline 1:1 dunkel und geschmolzene Couverture unterrühren. Die aufgelöste Gelatine zugeben, alles gut verrühren und anschliessend den geschlagenen Rahm unterheben. Die Mousse ca. 2/3 hoch in Flexipan-Halbkugel 6 cm Ø dressieren, das gefrorene Gelee eindrücken und mit Mousse auffüllen. Mit dem ausgestochenen Biscuit abschliessen und tiefkühlen.

BLUTORAGENGLASUR

240g	Rahm 35% (Emmi)
300g	Blutorangensaft
300g	Zucker
100g	Glukose
200g	Weisse Couverture Ivoire 35% (Carma)
12g	Blattgelatine
	gelb, rote Lebensmittelfarbe

Rahm, Blutorangensaft, Zucker und Glukose aufkochen. Die Couverture und die eingeweichte Gelatine zugeben und mixen, so dass eine homogene Masse ohne Luftblasen entsteht. Verarbeitungstemperatur: ca. 30°C . Produkte immer gefroren überziehen.

Rezept für ca. 15 Portionen

WALDERDBEEREN-KÜRBISKERNE
SCHOKOLADE

KÜRBISKERNBISCUIT

200g	Eier
240g	Mandelmasse 1:1 (Carma)
20g	Mehl
20g	Stärke
80g	Butter
120g	Kürbiskerne gehackt

Die Eier mit der Mandelmasse aufschlagen. Mehl, Stärke, flüssige Butter und gehackte Kürbiskerne unterrühren. Den Biscuit auf ein Backpapier oder Backmatte ca. 60 cm * 40 cm gross aufstreichen. Im Umluftofen bei 180°C ca. 10 Min. backen.

WALDERDBEER GELEE

100g	Walderdbeerenpüree
5g	Zitronensaft
10g	Zucker
10g	Instant Gel (Sosa)

Alle Zutaten kurz mit dem Stabmixer mixen und in Flexipan-Matten mit 4 cm Ø füllen. Tiefkühlen.

SCHOKOLADEMOUSSE

30g	Zucker
90g	Eier
180g	Weisse Couverture Ivoire 35% (Carma)
6g	Blattgelatine
450g	Rahm 35% (Emmi)

Den Zucker mit den Eiern warm/kalt aufschlagen. Die Couverture schmelzen und unterrühren. Die eingeweichte Gelatine schmelzen und ebenfalls unterrühren. Zum Schluss den leicht geschlagenen Rahm unterheben. Etwas Mousse in Silikonkugeln mit Ø 4 cm füllen und den Gelee eindrücken. Wieder etwas Mousse und den ausgestochenen Kürbisbiscuit eindrücken. Die 2. Halbform aufsetzen und mit der Mouse auffüllen. Tiefkühlen.

DEKOR
Tiefgefroren mit gelber und roter Kakaobutterfarbe besprühen. Nach Wunsch ausgarnieren

Rezept für ca. 20 Portionen

SAUERRAHM-MOUSSE
KIWI

BISCUIT

100g	Eier	Eier mit Mandelmasse aufschlagen. Flüssige Butter sowie Mehl und Stärke unterrühren. Die Masse auf ein Backpapier ca. 5mm dünn aufstreichen. Im Umluftofen bei 180°C für ca. 9 Min. backen.
60g	Mandelmasse 1:1 (Carma)	
40g	Butter	
10g	Mehl	
10g	Stärke	

SAUERRAHM-MOUSSE

200g	Saurer Halbrahm (Emmi)	Saurer Halbrahm, Zucker und den Saft sowie Schale der Limette mischen. Gelatine unterrühren. Geschlagener Rahm unterheben. Zum Schluss das Eiweiss mit Zucker steif schlagen und ebenfalls unterheben. Die Mousse in Eier Flexipan-Matten 8,5 cm * 5,5 cm dressieren und mit dem ausgestochen Biscuit abschliessen. Die Mousse tiefkühlen und mit weisser Kakaobutterfarbe absprühen.
20g	Zucker	
1 Stück	Limette	
5g	Blattgelatine	
100g	Rahm 35% (Emmi)	
50g	Eiweiss	
20g	Zucker	

KIWISAUCE

50g	Kiwipüree	Alles zusammen mischen, in die Mulde füllen und nach Wunsch ausgarnieren.
15g	Brillant Gel (Carma)	

SCHOKOLADENBISCUIT

150g	Couverture Madagascar Original Rare 64% (Carma)
30g	Butter
40g	Eigelb
120g	Eiweiss
40g	Zucker

Couverture und Butter schmelzen, das Eigelb unterrühren. Eiweiss und Zucker zu Schnee schlagen und unter die Schokoladenmasse heben, ca. 1 cm dick aufstreichen. Im Umluftofen bei 170°C ca. 14 Min. backen.
Nach dem Erkalten dünn temperierte dunkle Couverture aufstreichen und rund mit 7 cm Ø ausstechen.

NOUGATMOUSSE

80g	Milch
40g	Eigelb
100g	Praline 1:1 dunkel (Carma)
260g	Couverture Madagascar Original Rare 64% (Carma)
400g	Rahm 35% (Emmi)

Milch und Eigelb auf 85°c erwärmen, Praline 1:1 dunkel sowie geschmolzene Couverture unterrühren. Den geschlagenen Rahm unterheben und in Flexipan-Saverinformen mit ø 8 cm abfüllen. Mit dem ausgestochen Biscuit abschliessen. Restliche Mousse in mit Plastikfolie ausgelegte Plastikröhren (ø 1,5 cm) abfüllen und tiefkühlen. Die Röhren mit gelber Kakaobutter absprühen und die Saverins mit Kakaobutter/Couverture dunkel absprühen.

MANGOGELEE

300g	Mangopüree
1 Stück	Vanilleschote
50g	Zucker
4g	Blattgelatine

Das Mangopüree mit Zucker leicht erwärmen, die eingeweichte Gelatine sowie Vanille zugeben. Das Gelee etwas abkühlen lassen und in die Nougatmousse-Vertiefungen giessen.

EIWEISSHAUBEN

100g	Eiweiss
200g	Zucker

Eiweiss mit Zucker nach und nach aufschlagen. Frischhaltefolie über eine Schüssel spannen und kleine Eiweisstupfer aufdressieren. Mit Knusperstreusel (Carma) bestreuen und einige Sekunden in der Mikrowelle bei 400 Watt pochieren.

Rezept für ca. 20 Portionen

NUSS

SCHOKOLADE, MANGO

SCHOKOLADENTARTE
APRIKOSE, ROSMARIN

MÜRBETEIG

150g	Butter
100g	Puderzucker
1g	Salz
50g	Eier
250g	Mehl
3g	Backpulver

Butter, Puderzucker und Salz mischen. Langsam die Eier unterrühren und zum Schluss die restlichen Zutaten zügig untermischen.
Den Teig 34 cm * 24 cm ausrollen und im Umluftofen bei 160°C für ca. 20 Min. backen.

SCHOKOLADENBODEN

150g	Couverture Madagascar Original Rare 64% (Carma)
30g	Butter
40g	Eigelb
10g	Zucker
150g	Eiweiss
40g	Zucker

Die Couverture mit Butter schmelzen, Eigelb und Zucker unterrühren. Das Eiweiss mit Zucker steif schlagen und unter die Masse heben. Die Masse in einen Rahmen 34 cm * 24 cm aufstreichen. Im Umluftofen bei 170°C für ca. 14 Min. backen.

GANACHE

200g	Rahm 35% (Emmi)
250g	Aprikosenpüree
80g	Butter
20g	Glukose
60g	Zucker
3 Stück	Zweige Rosmarin
500g	Couverture Madagascar Original Rare 64% (Carma)

Rahm, Aprikosenpüree, Butter, Glukose und Zucker aufkochen. Den Rosmarin zugeben und über Nacht ziehen lassen. Den Rosmarin wieder entfernen und alles auf 80°C erwärmen, über die Couverture giessen, schmelzen und auf den Schokoladenbiscuit giessen.
Erkalten lassen und in 11 cm * 3.5 cm Stücke schneiden.

Rezept für ca. 20 Portionen

SCHOKOLADENTARTE
APRIKOSE, ROSMARIN

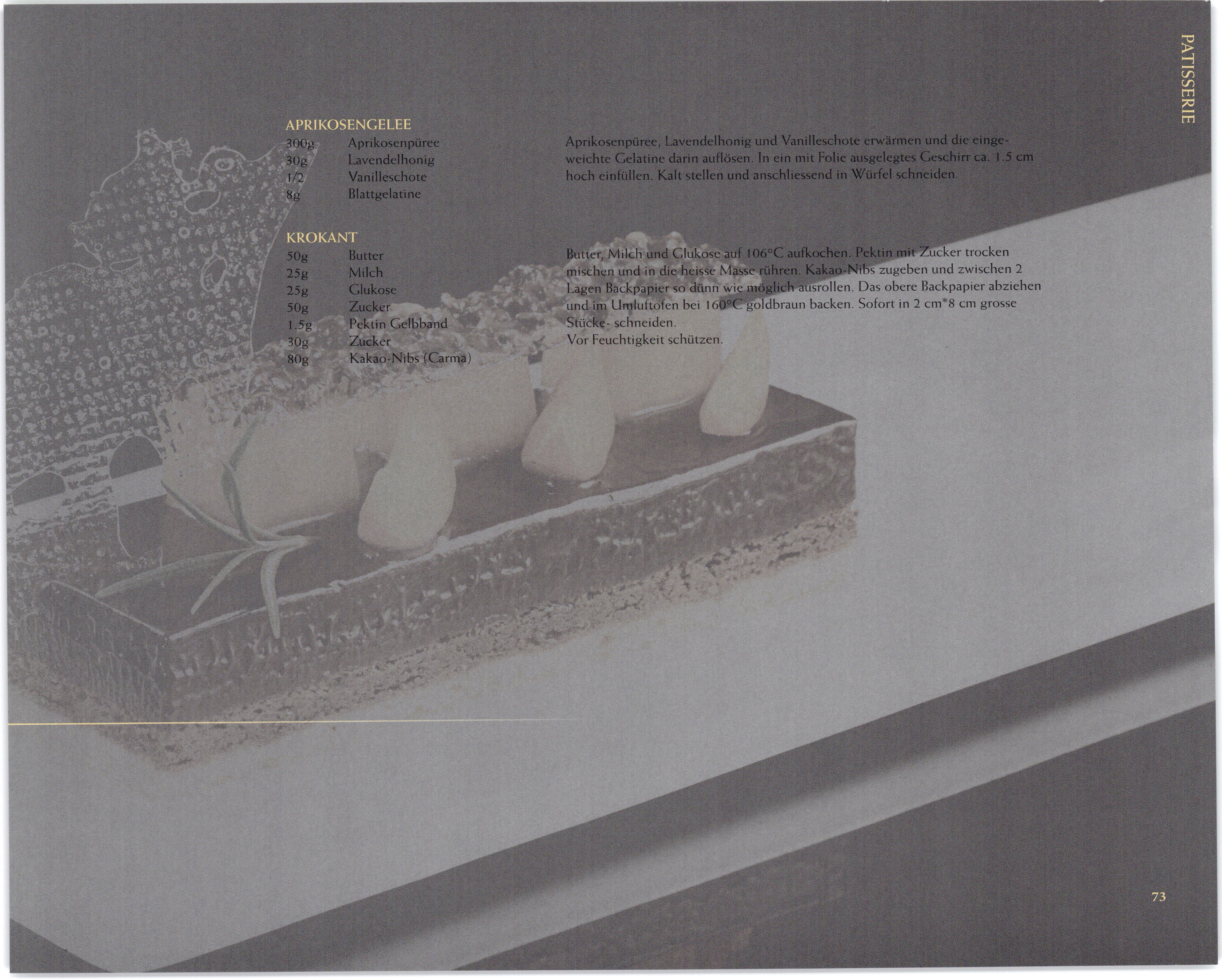

APRIKOSENGELEE

300g	Aprikosenpüree
30g	Lavendelhonig
1/2	Vanilleschote
8g	Blattgelatine

Aprikosenpüree, Lavendelhonig und Vanilleschote erwärmen und die eingeweichte Gelatine darin auflösen. In ein mit Folie ausgelegtes Geschirr ca. 1.5 cm hoch einfüllen. Kalt stellen und anschliessend in Würfel schneiden.

KROKANT

50g	Butter
25g	Milch
25g	Glukose
50g	Zucker
1.5g	Pektin Gelbband
30g	Zucker
80g	Kakao-Nibs (Carma)

Butter, Milch und Glukose auf 106°C aufkochen. Pektin mit Zucker trocken mischen und in die heisse Masse rühren. Kakao-Nibs zugeben und zwischen 2 Lagen Backpapier so dünn wie möglich ausrollen. Das obere Backpapier abziehen und im Umluftofen bei 160°C goldbraun backen. Sofort in 2 cm*8 cm grosse Stücke- schneiden.
Vor Feuchtigkeit schützen.

Rezept für ca. 15 Portionen

MANDARINE
SCHOKOLADE

FEUILLETINE

15g	Butter
60g	Milch Couverture Claire 33% (Carma)
120g	Praline 1:1 hell (Carma)
50g	Pailleté Feuilletine (Cacao-Barry)
15g	halbkandierte Zitronen
10g	halbkandierte Orangen

Butter mit Milch Couverture schmelzen. Anschliessend die Masse tablieren. Die restlichen Zutaten untermischen und ca. 5mm dick zwischen 2 Backpapieren ausrollen. Eine Seite mit temperierter dunkler Couverture bestreichen, wenden und mit 5 cm Ø rund ausstechen.

MANDARINENCREME

20g	Butter
60g	Zucker
150g	Mandarinensaft
1/2 Stck.	Vanilleschote
50g	Eier
8g	Blattgelatine
250g	Rahm 35% (Emmi)

Butter, Zucker, Mandarinensaft, Vanille und Eier einmal unter ständigem Rühren aufkochen, Gelatine zugeben und etwas abkühlen lassen. Geschlagenen Rahm vorsichtig unterheben. Die Mousse in 4,5 cm große Flexipan-Halbkugeln einfüllen. Tiefkühlen

MADAGASCAR-MOUSSE

100g	Eier
30g	Zucker
100g	Couverture Madagascar Original Rare 64% (Carma)
4g	Blattgelatine
300g	Rahm 35% (Emmi)

Eier und Zucker warm/kalt schlagen. Die flüssige Couverture und die aufgelöste Gelatine unterrühren. Den geschlagenen Rahm zügig unterheben Plastikröhren mit 5 cm Ø mit einer Strukturfolie auslegen und die Mousse einfüllen. Tiefkühlen und anschliessend in 3 cm lange Stücke schneiden.
Diese mit Couverture/Kakaobutter besprühen und auf die ausgestochenen Feuilletine-Böden setzen.

MANDARINENGLASUR

240g	Rahm 35% (Emmi)
330g	Mandarinensaft
300g	Zucker
100g	Glukose
210g	Weisse Couverture Nuit Blanche 37,5% (Carma)
16g	Blattgelatine

Rahm, Mandarinensaft, Zucker und Glukose einmal aufkochen. Die heisse Flüssigkeit über die feste weisse Couverture giessen, die eingeweichte Gelatine zugeben und 3 Minuten mixen.
Verarbeitungstemperatur: ca. 30° C
Die gefrorenen Mandarinen-Mousse-Halbkugeln mit der Glasur überziehen und auf das abgesprühte Madagascar-Mousse setzen. Nach Wunsch ausgarnieren.

Garniturtipp: Temperierte Couverture in Eiswasser spritzen, abtropfen und mit Goldpulver abpudern.

Rezept für ca. 20 Portionen

TONKABOHNENCREME

ZIMT, SCHOKOLADE

KNUSPERBODEN

25g	Butter
180g	Praline 1:1 hell (Carma)
100g	Milch Couverture Claire 34%(Carma)
90g	Pailleté Feuilletine (Cacao-Barry)

Aufgelöste Butter mit Praline 1:1 hell mischen. Vollmilchcouverture (temperiert) ebenfalls unterrühren, zum Schluss die Pailleté Feuilletine. Die Masse zwischen 2 Lagen Backpapier dünn ausrollen, kalt stellen. Mit temperierter dunkler Couverture dünn bestreichen und mit 6 cm Ø rund ausstechen.

TONKA-ZIMT-DIPLOMATENCREME

100g	Milch
10g	Eier
10g	Eigelb
30g	Zucker
7g	Cremepulver
2g	Tonkabohne gemahlen
2g	Zimt gemahlen
15g	Mycryo (Kakaobutter)
100g	Rahm 35% (Emmi)

Aus Milch, Eiern, Eigelb, Zucker, Cremepulver, Tongabohne und Zimt eine Creme kochen. Mycryo zugeben und die Creme auf 30°C abkühlen lassen. Den geschlagenen Rahm unterheben und in Flexipan-Halbkugeln mit 4 cm Ø füllen. Tiefkühlen.

SCHOKOLADENMOUSSE

70g	Eigelb
50g	Zucker
250g	Couverture Madagascar Original Rare 64% (Carma)
270g	Rahm 35% (Emmi)

Eigelb mit Zucker warm/kalt aufschlagen. Die Couverture schmelzen und unterrühren. Die Masse auf 30°C abkühlen lassen und geschlagenen Rahm unterheben. Die Mousse ca. 2/3 hoch in Flexipan-Halbkugeln mit 6 cm Ø spritzen und die gefrorene Tonkabohnencreme eindrücken. Etwas glatt streichen und mit dem Knusperboden abschliessen.
Tiefkühlen und gefroren mit Kakaobutter/Couverture besprühen.

Rezept für ca. 50 Portionen

EXOTISCHE SCHOKOLDENTARTE

MANGO, PASSIONSFRUCHT, KOKOS

SCHOKOLADEN-ZUCKER-TEIG

130g	Butter
50g	Zucker
40g	Eigelb
100g	Mehl
15g	Kakaopulver (Carma)

Butter mit Zucker langsam weich rühren. Das Eigelb nach und nach unterrühren. Anschliessend alle restlichen Rohstoffe unterrühren und kalt stellen. Den Teig in Rahmen 24 cm * 48 cm ausrollen und im Umluftofen bei 160°C ca. 18 Min. backen.

EXOTIC-KARAMELL

130g	Zucker
25g	Butter
1 Stück	Vanilleschote
100g	Passionsfruchtsaft
60g	Mangopüree
20g	Kokosnusspüree
6g	Blattgelatine
2 Stück	frische Mango

Den Zucker leicht karamellisieren, die Butter flüssig unter den Karamell rühren, Fruchtpürees und eingeweichte Gelatine dazugeben. Die geschälte Mango in ca. 5 mm grosse Würfel schneiden und ebenfalls zugeben. Die Masse etwas abkühlen lassen und auf dem Schokoladen-Zuckerteig verteilen, kalt stellen.

VENEZUELA

400g	Rahm 35% (Emmi)
40g	Zucker
130g	Eigelb
200g	Venezuela Couverture „Origine Rare 70% (Carma)
4g	Blattgelatine

Rahm und Zucker aufkochen. Einen kleinen Teil zum Eigelb unterrühren. Anschliessend alles wieder in den Topf geben und unter ständigem Rühren auf 85°C erwärmen. Die Masse durch eine Sieb über die Couverture giessen, Gelatine zugeben und kurz homogenisieren. Die Masse über den Exotic-Karamell giessen und kalt stellen oder tiefkühlen.

GLASUR

100g	Wasser
180g	Zucker
125g	Rahm
60g	Kakaopulver (Carma)
150g	Dunkle Couverture Boubon 50% (Carma)
100g	Kokosfett
9g	Blattgelatine

Wasser, Zucker und Rahm aufkochen. Die restlichen Zutaten zugeben und ca. 3 Minuten ohne Luftblasen mixen.
Verarbeitungstemperatur: ca. 30°C

Schneiden: 8,5 cm * 4 cm grosse Stücke. Dunkle Couverture Plättchen mit Hilfe einer feinen Stahlbürste leicht die Oberfläche aufrauen. Mit getrockneten Exotic-Früchten und einem Silberblatt ausgarnieren.

Rezept für ca. 60 Portionen

PASSIONSFRUCHT
SCHOKOLADE

SCHOKOLADENBISCUIT

30g	Mandelmasse 1:1 (Carma)
25g	Zucker
60g	Eier
20g	Mehl
5g	Stärke
15g	Kakaopulver (Carma)
1g	Backpulver
20g	Butter

Die Mandelmasse mit Zucker und Eiern nach und nach schaumig schlagen. Mehl, Stärke und Kakaopulver sowie Backpulver sieben und unter die Eiermasse rühren, flüssige Butter unterrühren und in einen Rahmen von 17 cm * 24 cm streichen. Im Umluftofen bei 180 °C ca. 8 Min. backen.

PASSIONSMOUSSE

70g	Passionsfruchsaft
1 Stück	Vanilleschote
70g	Zucker
70g	Eigelb
6g	Blattgelatine
200g	Rahm 35% (Emmi)

Passionsfruchtsaft, Vanille, Zucker und Eigelb aufkochen. Durch ein Sieb geben und die eingeweichte Gelatine zugeben, auf ca. 30°C abkühlen. Den geschlagenen Rahm unterheben und auf dem Schokoladenbiscuit verteilen. Tiefkühlen Gefroren in 2,5 cm * 2,5 cm Stücke schneiden.

MOUSSE AU CHOCOLAT

400g	Rahm 35% (Emmi)
200g	Glukose
1000g	Couverture Madagascar Original Rare 64% (Carma)
1500g	Rahm 35% (Emmi)

Rahm und Glukose aufkochen, etwas abkühlen lassen und über die feste Couverture giessen. Schmelzen und auf ca. 35°C abkühlen lassen, den geschlagenen Rahm unterheben. Die Mousse in Ringe von 5,5 cm ca. 2/3 hoch füllen und den gefrorenen Passionswürfel hineindrücken. Mit Mousse glatt streichen, wieder tiefkühlen und mit Kakaobutter/Couverture besprühen. Mit einem roten Couverture-Rosenblatt und der Passionsfruchtglasur garnieren.

PASSIONSFRUCHTGLASUR

50g	Rahm 35% (Emmi)
60g	Passionsfruchtsaft
60g	Zucker
20g	Glukose
110g	Weisse Couverture Ivoire 35% (Carma)
3g	Blattgelatine
	gelbe Lebensmittelfarbe

Rahm, Passionsfruchtsaft, Zucker und Glukose aufkochen. Die Couverture, eingeweichte Gelatine und etwas gelbe Lebensmittelfarbe zugeben und mixen.

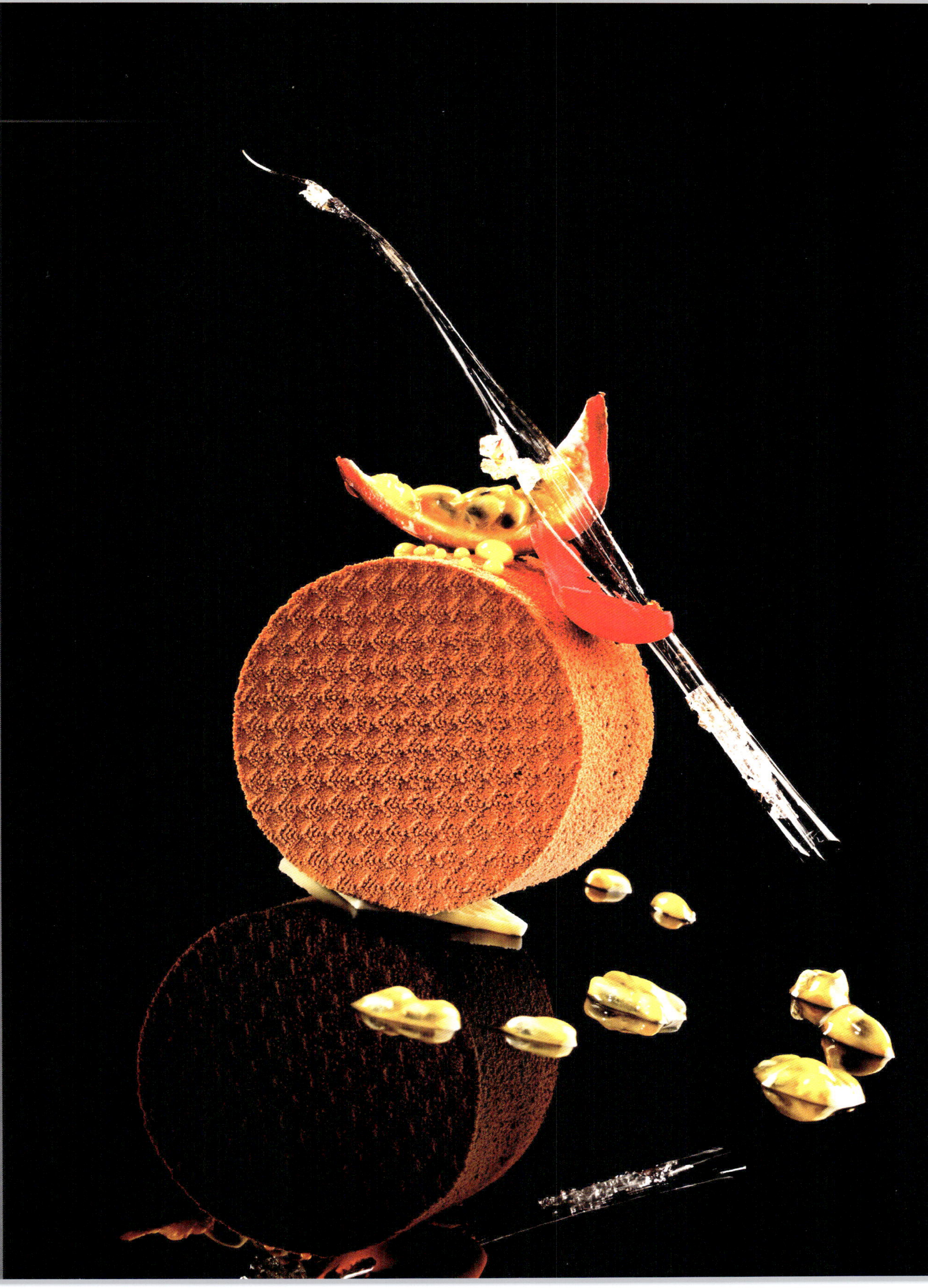

SCHOKOLADENBISKUIT

200g	Mandelmasse 1:1 (Carma)
160g	Zucker
130g	Eigelb
70g	Eier
60g	Butter
60g	Kakaopulver
60g	Mehl
200g	Eiweiss
80g	Zucker

Die Mandelmasse mit den restlichen Zutaten glattrühren. Die geschmolzene Butter und die gesiebte Kakao-Mehl-Mischung unterrühren. Das Eiweiss mit Zucker steif schlagen und unterheben. Die Masse glatt auf eine Flexipan-Matte 60 cm * 40 cm streichen und im Umluftbackofen bei 170°C ca. 13 Min. backen.
Den ausgekühlten Boden in 3 gleich grosse Stücke schneiden (20 cm * 40 cm)

SIRUP (TRÄNKE)

60g	Himbeerpüree
50g	Läuterzucker
50g	Wasser
15g	Himbeergeist Berghof 40%Vol. (Lateltin)

Alle Zutaten verrühren und den Schokoladenbiscuit damit tränken.

HIMBEER-GANACHE

90g	Zucker
50g	Glukose
170g	Rahm 35% (Emmi)
170g	Himbeerpüree
10g	Invertzuckersirup
3g	Fleur de Sel
200g	Couverture Madagascar Original Rare 64% (Carma)
120g	Milch Couverture Claire 33% (Carma)

Zucker mit Glukose in einen Topf geben und karamellisieren. Mit geschlagenem Rahm und Himbeerpüree nach und nach ablöschen. Anschliessend Invertzucker und Fleur de Sel zugeben und über die Couverture giessen, schmelzen und mit dem Mixer kurz homogenisieren. Die Ganache etwas erkalten lassen und mit ca. der Hälfte davon auf den ersten Biscuit streichen.. Anschliessend den zweiten Biscuitboden darauf setzen und fortfahren. Zum Schluss mit einer dünnen Ganache-Schicht abschliessen und alles kalt stellen oder tiefkühlen.
Mit frischen Himbeeren nach Wunsch ausgarnieren.

Rezept für ca. 16 Portionen (10cm*5cm)

HIMBEER

SCHOKOLADE, KARAMELL, FLEUR DE SEL

Rezept für ca. 12 Portionen

SCHOKO

KNUSPERBODEN

15g	Butter
60g	Couverture Vollmilch Claire 34% (Carma)
120g	Praline 1:1 hell(Carma)
30g	Pate Feuilletine (Cacao-Barry)
20g	Moretti (Carma)

Die Butter erwärmen und mit der temperierten Couverture mischen. Praline unterrühren und anschliessend die restlichen Zutaten unterrühren. Die Masse ca. 5 mm dünn zischen zwei Lagen Backpapier ausrollen und auf einer Seite dünn mit temperierter dunkler Couverture bestreichen. Wenden und Ø 5 cm ausstechen.

SCHOKOLADENMOUSSE

160g	Eigelb
80g	Zucker
280g	Dunkle Couverture Alto el Sol 65% (Cacao-Barry)
400g	Rahm 35% (Emmi)

Eigelb mit Zucker warm aufschlagen. Die Flüssige Couverture unterrühren und anschliessend bei ca. 40°C den geschlagenen Rahm unterheben. Ausgestochene Knusperböden in Ø 5.5 cm Metallringe einlegen und mit dem Mousse abschliessen. Die Mousse tiefkühlen und mit Kakaobutter/Couverture besprühen. Plastikband mit roter Kakaobutter bepinseln und mit temperierter dunkler Couverture bestreichen. Das Couvertureband um die gefrorenen Mousse-Törtchen legen und nach Wunsch ausgarnieren.

Rezept für ca. 50 Portionen

PISTAZIENCREME

KIRSCH, BUTTER, MANDEL

ZUCKERTEIG

320g	Butter
160g	Zucker
100g	Eier
60g	Mandeln gemahlen
560g	Mehl

Butter mit Zucker langsam weich rühren. Die Eier nach und nach unterrühren. Anschliessend alle restlichen Rohstoffe unterkneten und kalt stellen. Teig ca. 3 mm dünn ausrollen und im Umluftofen bei 175°C ca. 14 Min. backen. Noch im warmen Zustand in 3,5 cm * 8 cm grosse Stücke schneiden.

PISTAZIENCREME

600g	Milch
360g	Zucker
240g	Eigelb
80g	Stärke
240g	Pistazienpaste
120g	Kirsch Berghof 40%Vol. (Lateltin)
900g	Butter

Milch mit Zucker aufkochen, eine kleine Menge davon mit dem Eigelb und der Stärke verrühren und wieder alles in den Topf zurückgeben. Nun zu einer festen Creme kochen. Anschliessend in die heisse Creme die Pistazienpaste sowie das Kirschwasser einrühren, erkalten lassen. Die Butter aufschlagen, die Creme zugeben und ebenfalls leicht mit aufschlagen.

Herstellung: Temperierte dunkle Couverture sehr dünn auf eine Folie streichen und in 100 Stück à 3,5 cm * 8 cm schneiden. Die eingelegten Griotten etwas abtropfen lassen. Die aufgeschlagene Creme mit einer 8 mm-Lochtülle in Tupfen auf den Zuckerteig und auf die Couverture – Plättchen dressieren. Zusammensetzen und mit einer Zuckerspirale und Goldblatt ausgarnieren.

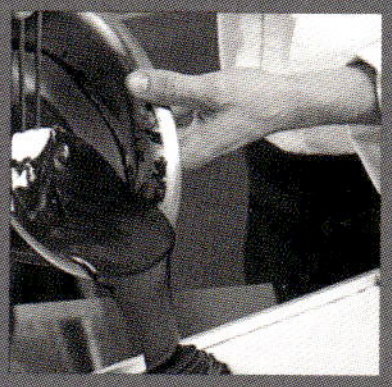

Fabian Sänger

Sweet Inspirations

TORTEN

Rezept für 2 Torten à 18 cm

BIRNE

BERGAMOTTE, MANDELN, ZITRONE

ZUCKERTEIG

130g	Butter
40g	Zucker
60g	Eigelb
170g	Mandelmasse 1:1 (Carma)
200g	Mehl

Butter mit Zucker leicht schaumig schlagen. Das Eigelb nach und nach unterrühren. Mit den restlichen Zutaten zügig zu einem Teig kneten. Tortenring Ø 18 cm auslegen und im Umluftofen bei 180°C für ca. 20 Min. backen.

BIRNENVOLLMILCH-CREME

70g	Rahm 35% (Emmi)
30g	Birnenpüree
20g	Glukose
20g	Eigelb
110g	Milch Couverture Claire 33% (Carma)
3g	Blattgelatine
200g	Rahm 35% (Emmi)

Rahm mit Birnenpüree sowie Glukose und Eigelb aufkochen. Masse etwas abkühlen und über die feste Couverture giessen. Eingeweichte Gelatine so wie den restlichen Rahm zugeben und kurz mixen. Crème in die gebackenen Zuckerteig-Böden giessen, kalt stellen.

BIRNEN-BERGAMOTTEMOUSSE

170g	Birnenpüree
20g	Zitronensaft
30Tropfen	Bergamotte-Essenz (Sosa)
80g	Zucker
4g	Blattgelatine
200g	Rahm 35% (Emmi)

Birnenpüree, Zitronenpüree und Zucker aufkochen. Das Eigelb und das Cremepulver verrühren, zur heissen Püreemischung geben und zu einer Creme kochen. Die eingeweichte Gelatine unterrühren und auf ca. 30°C abkühlen lassen. Den geschlagenen Rahm unterheben und in Tortenringe Ø 15 cm füllen und tiefkühlen. Die Mousse mit gelber Kakaobutter besprühen.

BIRNEN-KARAMELLISIERT

2 Stück	Birnen
1 Stück	Vanilleschote
100g	Brillant-Gel (Carma)

Die Birnen würfeln mit dem Bunsenbrenner karamellisieren. Die Vanille mit dem Brillant-Gel mischen und die Birnenwürfel darin glasieren.

Rezept für 2 Torten à 16 cm

GUAVE

KARAMELL, VANILLE, MARACUJA

BISCUIT

110g	Eier
45g	Zucker
45g	Mehl
45g	Stärke

Eier und Zucker warm/kalt aufschlagen, die restlichen gesiebten Rohstoffe unterheben
und ca. 5mm dünn aufstreichen. Im Umluftofen bei 180°C für ca. 10 Min. backen. Wenn der Boden erkaltet ist, 2 Böden pro Torte ausstechen.

GUAVENGELEE

350g	Guavenpüree
20g	Zitronensaft
50g	Zucker
8g	Blattgelatine

Guavenpüree mit dem Zitronensaft und Zucker leicht erwärmen, die eingeweichte Gelatine zugeben. Die Masse in Flexipan-Matten Ø 14 cm füllen und tiefkühlen.

PASSIONSFRUCHTCREME

50g	Passionsfruchtsaft
40g	Eigelb
35g	Zucker
1 Stück	Vanilleschote
4g	Blattgelatine
200g	Rahm 35% (Emmi)

Passionsfruchtsaft, Eigelb, Zucker und Vanille unter ständigem Aufschlagen einmal aufkochen lassen, die eingeweichte Gelatine zugeben und kalt schlagen. Anschliessend den geschlagenen Rahm unterheben und in Flexipan-Matten Ø 14cm streichen. Tiefkühlen.

KARAMELMOUSSE

40g	Zucker
120g	Rahm 35% (Emmi)
30g	Eigelb
200g	Milch Couverture des Alpes 35% (Carma)
8g	Blattgelatine
320g	Rahm 35% (Emmi)

Zucker trocken karamellisieren mit Rahm ablöschen. Eigelb mit etwas heissem Karamellrahm verrühren und auf 85°C erwärmen. Alles durch ein Sieb auf die feste Couverture giessen und auf 35°C abkühlen. Die Gelatine auflösen, zugeben und den geschlagenen Rahm unterheben.
Ausgestochenen Biscuit in Tortenringe einlegen. Etwas Mousse einfüllen und die gefrorenen Passionsfruchtcreme eindrücken, wieder etwas Mousse und anschliessend den zweiten Biscuit einlegen. Etwas Mousse und das Gelee eindrücken mit Mousse abschliessen. Tiefkühlen und mit der Karamellglasur überziehen.

KARAMELLGLASUR

200g	Zucker
500g	Rahm 35% (Emmi)
60g	Glukose
100g	Milch Couverture des Alpes 35% (Carma)
50g	Kokosfett
16g	Blattgelatine
	etwas Goldpulver

Zucker trocken Karamellisieren, mit Rahm ablöschen.
Glukose, Couverture, Kokosfett sowie Gelatine zugeben und ohne Luftblasen mixen.
Verarbeitungstemperatur: ca. 30°C

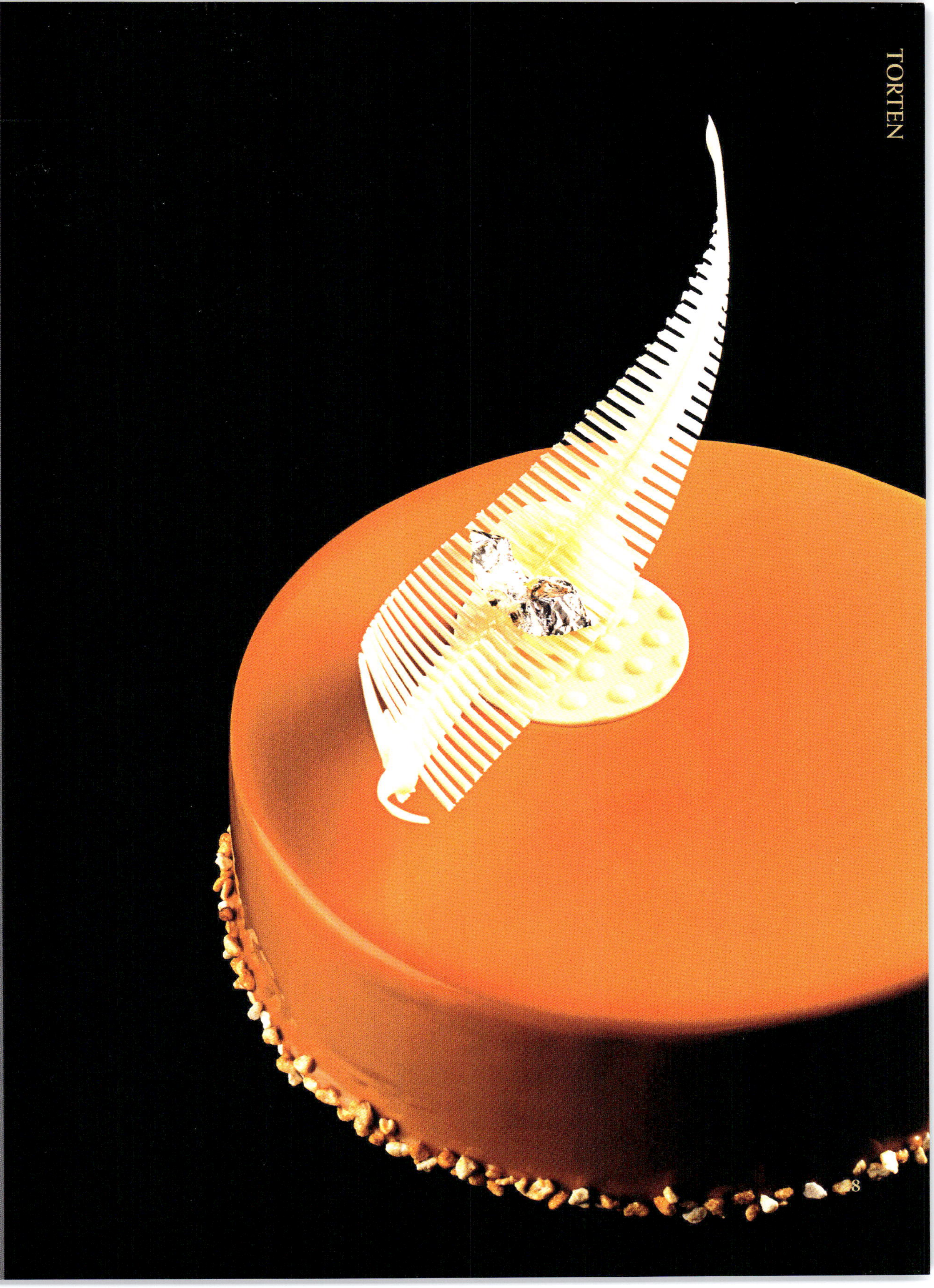

Rezept für 2 Torten à 20 cm

KAFFEE

ZITRONE, BEEREN

ZUCKERTEIG

130g	Butter
40g	Zucker
60g	Eigelb
170g	Mandelmasse 1:1 (Carma)
150g	Mehl
50g	Kakaopulver (Carma)

Butter mit Zucker leicht schaumig schlagen. Das Eigelb nach und nach unterrühren. Mit den restlichen Zutaten zügig zu einem Teig kneten. Tortenring ø 20 cm auslegen und im Umluftofen bei 180°C für ca. 15 Min. backen.

ZITRONENCREME

300g	Zucker
300g	Zitronensaft
80g	Limoncè 25% vol. (Lateltin)
80g	Butter
320g	Eier
10g	Blattgelatine
1 Stück	Limette (Abrieb)

Zucker, Zitronensaft, Limonce und Butter aufkochen. Einen kleinen Teil der heissen Masse zu den Eiern geben und alles zusammen einmal aufkochen lassen. Die heisse Creme passieren und die restlichen Zutaten unterrühren.
Die heisse Masse auf den gebackenen Zuckerteigboden giessen, kalt stellen.

KAFFEEMOUSSE

50g	Kaffeebohnen
90g	Zucker
60g	Wasser
70g	Eigelb
60g	Eier
8g	Blattgelatine
190g	Milch Couverture Claire 33% (Carma)
220g	Rahm 35% (Emmi)

Kaffeebohnen mit Zucker und Wasser einige Minuten kochen und anschliessend ziehen lassen.
Eigelb und Eier aufschlagen und den abgesiebten wieder aufgekochten Kaffeesirup unterschlagen. Die Couverture bei 45°C schmelzen und unterrühren. Die Gelatine unter die Eier-Couverturemasse rühren. Den geschlagenen Rahm unterheben und in Savarin-Ringe Ø 16 cm füllen/tiefkühlen. Die gefrorene Mousse mit der Glasur überziehen und auf die Zitronencreme setzen. Mit frischen Beeren und Limetten-Filets ausgarnieren.

GLASUR

140g	Milch
80g	Wasser
40g	Glukose
220g	Milch Couverture Claire 33% (Carma)
75g	Kokosfett
4g	Blattgelatine

Milch, Wasser, und Glukose aufkochen, die Couverture und die eingeweichte Gelatine zugeben. Die Glasur ohne Luftblasen ca. 3 Minuten mixen.
Verarbeitungstemperatur: ca. 30°C

Rezept für 2 Torten à 15 cm * 20 cm

APFEL
HOLUNDERBLÜTEN

BISCUIT

200g	Eier
240g	Mandelmasse 1:1 (Carma)
20g	Mehl
20g	Stärke
80g	Butter
60g	Walnüsse

Eier und Mandelmasse aufschlagen. Mehl, Stärke, flüssige Butter und gehackte Walnüsse unterrühren. Biscuit in einen Rahmen von 34 cm * 24 cm verteilen. Im Umluftbackofen bei 180°C ca. 10 Min. backen.
Wenn der Boden erkaltet ist in 15 cm * 20 cm Stücke schneiden.

HOLUNDERBLÜTENGELEE

150g	Holunderblütensirup
200g	Wasser
6g	Blattgelatine

Holunderblüten mit Wasser leicht erwärmen. Die eingeweichte Gelatine zugeben und auflösen. Alles in einen mit Folie gespannten Rahmen von 17 cm * 24 cm giessen und tiefkühlen.

APFELMOUSSE

40g	Zucker
300g	Apfelpüree
12g	Blattgelatine
90g	Eiweiss
20g	Zucker
300g	Rahm 35% (Emmi)

Zucker und Apfelpüree verrühren. Die eingeweichte Gelatine auflösen und unterrühren. Den geschlagener Rahm unterheben, Eiweiss mit Zucker steif schlagen und ebenfalls unterheben. Die Mousse auf den gefrorenen Gelee streichen und wieder tiefkühlen. Die gefrorene Mousse in 17 cm * 12 cm Stücke schneiden und mit der Apfelglasur überziehen. Mousse auf den Biscuit setzen und nach Wunsch garnieren.

APFELGLASUR

240g	Rahm 35% (Emmi)
300g	Apfelpüree
300g	Zucker
100g	Glukose
100g	Weisse Couverture Ivoire 35% (Carma)
100g	Kokosfett
8g	Blattgelatine
	etwas grüne Farbe

Rahm, Apfelpüree, Zucker und Glukose einmal aufkochen. Die heisse Flüssigkeit über die feste weisse Couverture und das Kokosfett giessen. Die eingeweichte Gelatine zugeben und ca. 3 Minuten ohne Luftblasen mixen.
Verarbeitungstemperatur: ca. 30°C

Mit der Glasur die gefroren Mousse überziehen und auf den Biscuit setzen, nach wunsch garnieren.

Rezept für 2 Torten à 18 cm

BANANE-MACIS

ALTO EL SOL SCHOKOLADE

HASELNUSSBISCUIT

50g	Eier
75g	Zucker
50g	Haselnüsse gemahlen
15g	Mehl
40g	Eiweiss
10g	Zucker

Eier und Zucker warm/kalt aufschlagen. Haselnüsse, gesiebtes Mehl sowie flüssige Butter unterrühren. Eiweiss mit Zucker steif schlagen und unterheben. Biscuit auf ein Backpapier oder eine Backmatte ca. 50 cm * 30 cm flach aufstreichen. Im Umluftbackofen bei 180°C ca. 10 Min. backen.
Wenn der Boden erkaltet ist, 2 Böden pro Torte ausstechen.

BANANE-MACISCREME

260g	Bananenpüree
30g	Zitronensaft
3g	Macis gemahlen
100g	Eigelb
40g	Rahm 35% (Emmi)
20g	brauner Zucker
30g	Rum Legendario Dorado 5Y 38%Vol. (Lateltin)
10g	Stärke
6g	Blattgelatine
120g	Eiweiss
50g	brauner Zucker

Bananenpüree, Zitronensaft, gemahlene Macis, Eigelb, Rahm und braunen Zucker einmal aufkochen. Rum und Stärke separat verrühren, zur heissen Masse geben und zu einer Creme kochen. In die noch heisse Creme die eingeweichte Gelatine rühren und das steif geschlagene Eiweiss zügig unterrühren. Die Creme sofort in Tortenringe von ø 16 cm einfüllen und tiefkühlen.

ALTO EL SOL MOUSSE

370g	Rahm 35% (Emmi)
370g	Couverture Alto El sol 65% Original Rare (Cacao-Barry)
4g	Blattgelatine
320g	Couverture Alto El Sol 65% Original Rare (Cacao-Barry)

Rahm auf ca. 80°C erwärmen und über die feste Couverture giessen. Ganache auf ca. 35°C abkühlen lassen und die aufgelöste Gelatine unterrühren . Zum Schluss den geschlagenen Rahm unterheben. Den Biscuit in den Tortenring einlegen und etwas Mousse einstreichen. Wieder einen Biscuit und nochmals etwas Mousse darauf geben. Die gefrorene Bananencreme eindrücken und mit Mousse glatt streichen. Tiefkühlen und mit Kakaobutter/dunkler Couverture besprühen.

CASSIS
NOUGATSPLITTER

Rezept für 4 Schnitten à 4 * 24 cm

CASSIS
NOUGATSPLITTER

PISTAZIENBISCUIT

40g	Mandelmasse 1:1 (Carma)
30g	Pistazienpaste
70g	Zucker
50g	Eigelb
35g	Eier
25g	Butter
	grüne Lebensmittelfarbe
50g	Stärke
40g	Zucker
110g	Eiweiss

Mandelmasse, Pistazienpaste, Zucker mit Eigelb und Eiern sowie etwas grüner Lebensmittelfarbe aufschlagen. Die Stärke unter die Eiermasse Rühren, Zucker und Eiweiss steif schlagen und unterheben. Die Masse 51 cm * 24 cm aufstreichen und im Umluftofen bei 180°C für ca. 15 Min. backen.

FEUILLETINE

180g	Praline 1:1 dunkel (Carma)
70g	Couverture Vollmilch Claire 34% (Carma)
70g	Pailleté Feuilletine (Cacao-Barry)
20g	Nougatsplitter (Boiron)

Praline mit flüssiger Couverture mischen, Pailleté Feuilletine, Nougatsplitter zugeben und alles auf den erkalteten Biscuit streichen, kalt stellen. Anschliessend in 17cm * 24 cm Stücke schneiden.

CASSISMOUSSE

300g	Cassispüree
20g	Cassis de Bourgogne Simon Ainé 15%Vol. (Lateltin)
1 Stück	Vanilleschote
80g	Zucker
70g	Eigelb
6g	Blattgelatine
200g	Rahm 35% (Emmi)

Cassispüree, Vanille, Zucker und Eigelb einmal unter ständigem rühren aufkochen. Die eingeweichte Gelatine zugeben und auf ca. 30°C abkühlen lassen. Den geschlagenen Rahm vorsichtig unterheben. Eine Schicht Biscuit in den Rahmen legen und mit etwas Mousse bedecken. Anschliessend wieder Biscuit einlegen und mit Mousse abdecken. Pro Rahmen jeweils 3 Lagen Biscuit und Mousse. Tiefkühlen und in 4 cm * 24 cm grosse Stücke schneiden.

CASSISGLASUR

240g	Rahm 35% (Emmi)
300g	Cassispüree
300g	Zucker
100g	Glukose
200g	weisse Couverture Ivoire 35% (Carma)
14g	Blattgelatine

Rahm, Cassispüree, Zucker und Glukose aufkochen. Die Couverture und die eingeweichte Gelatine zugeben und alles ca. 3 Minuten ohne Luftblasen mixen.. Verarbeitungstemperatur: ca. 30°C

EIWEISSHAUBEN

100g	Eiweiss
200g	Zucker

Eiweiss mit Zucker nach und nach aufschlagen. Die Frischhaltefolie über eine Schüssel spannen und kleine Eiweisstupfer aufdressieren. Einige Sekunden in der Mikrowelle bei 400 Watt pochieren.

Rezept für 2 Torten à 15 cm

QIMIQ

WHISKY, SCHOKOLADE, ZITRONE

KNUSPERBODEN

90g	Weisse Couverture 35% Ivoire (Carma)
50g	Kakaobutter (Carma)
120g	Riz Soufflé karamellisiert
50g	Pistazien gehackt
1 Stück	Limettenschale

Die Couverture mit der Kakaobutter schmelzen. Restliche Zutaten unterrühren und 15cm * 30 cm auf ein Backpapier aufstreichen. Den Knusperboden fest werden lassen und halbieren, so dass man 15 cm * 15 cm Quadrate erhält.

QIMIQMOUSSE VENEZUELA

500g	QimiQ Whip, gekühlt (Emmi)
50g	Zitronensaft
70g	Zucker
80g	Single Malt Whisky 16 y Bourbon 46%Vol. (Lateltin)
160g	Couverture Venezuela Original Rare 70% (Carma)

QimiQ Whip gekühlt mit Zitronensaft, Zucker und Whisky aufschlagen. Couverture bei 45°C schmelzen lassen, unterrühren. In Formen von 12 cm Formen füllen und tiefkühlen. Die gefrorene Mousse mit der Zitronenglasur überziehen und auf den Knusperboden setzen.

ZITRONENGLASUR

120g	Rahm 35% (Emmi)
150g	Zitronensaft
200g	Zucker
50g	Glukose
100g	Weisse Couverture Nuit Blanche 37,5% (Carma)
8g	Blattgelatine
	etwas gelbe Farbe

Rahm, Zitronensaft, Zucker und Glukose einmal aufkochen. Die heisse Flüssigkeit über die feste weisse Couverture giessen. Die eingeweichte Gelatine zugeben und ca. 3 Minuten ohne Luftblasen mixen.
Verarbeitungstemperatur: ca. 30°C

Mit der Glasur die gefroren Torte überziehen, nach Wunsch garnieren.

TROCKENER EIWEISS SCHAUM

100g	Zucker
30g	Wasser
20g	Spritzglasur

Zucker und Waser auf 145°C aufkochen. Die Spritzglasur mit dem Schneebesen zügig unterrühren. Der Zucker gewinnt doppeltes Volumen. Weiter rühren bis die Masse nochmals an Volumen gewinnt. Sofort auf Backpapier giessen und erkalten lassen. In kleine Stücke brechen und nach wunsch garnieren.

Rezept für 2 Torten à 16 cm

KOKOS

EISENKRAUT, ANANAS

KOKOSBISCUIT

150g	Eiweiss
50g	Zucker
30g	Puderzucker
70g	Kokosnuss gemahlen
10g	Stärke

Eiweiss mit Zucker steif schlagen. Die restlichen Zutaten miteinander mischen und unter das Eiweiss heben. Masse ca. 1 cm dick auf eine Backmatte aufstreichen und im Umluftofen bei 160°C für ca. 20 Min. backen.

ANANAS-EISENKRAUT-MOUSSE

170g	Ananaspüree
1 Stück	Vanilleschote
3g	Eisenkraut
9g	Blattgelatine
30g	Eiweiss
20g	Zucker
130g	Rahm 35% (Emmi)

Ananaspüree mit Vanille und Eisenkraut erwärmen. Die eingeweichte Gelatine zugeben und abkühlen lassen.
Eiweiss mit Zucker steif schlagen und mit dem geschlagenen Rahm unter das Ananaspüree heben. Die Masse in 14 cm Dreiecke füllen und tiefkühlen.

SCHOKOLADENMOUSSE

75g	Eier
250g	Weisse Couverture Ivoire 35% (Carma)
6g	Blattgelatine
370g	Rahm 35% (Emmi)

Die Eier warm aufschlagen. Die Couverture schmelzen (35°C) und mit den aufgeschlagenen Eiern mischen. Die aufgelöste Gelatine unterrühren und zum Schluss den geschlagenen Rahm unterheben.

Den Biscuit in die Form einlegen und mit etwas Schokoladenmousse bestreichen. Gefrorene Ananas-Eisenkrautmousse eindrücken und ebenfalls wieder etwas Mousse darauf geben. Mit Biscuit und Schokoladenmousse abschliessen. Die Torte tiefkühlen. Schokoladensticks auf die Torte legen, mit Kakaobutter/Couverture absprühen und nach Wunsch ausgarnieren.

Rezept für 2 Torten à 18 cm

ZITRONEN-SCHOKOLADE

HIMBEER, KARDAMOM

BISCUIT

100g	Eier	Eier, Mandelmasse und Pistazienpaste glatt schlagen, die restlichen Zutaten untermischen. Die Masse in 2 Tortenringe Ø18 cm streichen. Mit ganzen Pistazien und halbkandierten Zitronen bestreuen. Im Umluftofen bei 180°C für ca. 10 Min. backen.
120g	Mandelmasse 1:1 (Carma)	
25g	Pistazienpaste	
10g	Mehl	
10g	Stärke	
40g	Butter	
	ganze Pistazien	
	halbkandierte Zitronen	

ZITRONEN/KARDAMON-SIRUP

50g	Zitronensaft	Alle Rohstoffe einmal aufkochen und 5 Stunden ziehen lassen.
50g	Wasser	
40g	Zucker	
40g	Kardamon ganz	

HIMBEERGELEE

400g	Himbeerpüree	Himbeerpüree mit Zucker leicht erwärmen, Gelatine zugeben und auf die Flexipan-Matten ø 16 cm giessen. Das Gelee tiefkühlen.
30g	Zucker	
12g	Blattgelatine	

VANILLECREME

110g	Milch	Milch mit Vanille und Zucker aufkochen. Etwas von der heissen Flüssigkeit mit dem Eigelb und Cremepulver glatt rühren. Anschliessend wieder alles in den Topf geben und zu einer Creme kochen. Die eingeweichte Gelatine zugeben und erkalten lassen. Die Creme glatt rühren und den geschlagenen Rahm unterheben. Die Creme auf Flexipan-Matten Ø 16 cm verstreichen.
1 Stück	Vanilleschote	
20g	Zucker	
25g	Eigelb	
4g	Creme Pulver	
3g	Blattgelatine	
120g	Rahm 35% (Emmi)	

MOUSSE VENEZUELA

100g	Eigelb	Eigelb, Eier, Sirup und Zucker warm/kalt aufschlagen. Die Couverture 45°C schmelzen und unterrühren. Zum Schluss den geschlagenen Rahm unterheben. Den Biscuit in den Ring einlegen und mit dem restlichen Sirup tränken. Anschliessend etwas Mousse und die gefrorene Geleescheibe einlegen. Wieder etwas Mousse und die Vanillecreme einlegen und mit Mousse abschliessen. Die Torte tiefkühlen und mit der Glasur überziehen. Nach Wunsch ausgarnieren.
90g	Eier	
70g	Sirup Zitronen/Kardamon	
60g	Zucker	
240g	Couverture Venezuela Original Rare 70%(Carma)	
350g	Rahm 35% (Emmi)	

GLASUR

200g	Wasser	Wasser, Zucker und Rahm aufkochen. Die restlichen Zutaten zugeben und ca. 3 Minuten ohne Luftblasen mixen.
360g	Zucker	
250g	Rahm 35% (Emmi)	
120g	Kakaopulver (Carma)	Verarbeitungstemperatur: ca. 30°C
300g	Dunkle Couverture Bourbon 50% (Carma)	
200g	Kokosfett	
18g	Blattgelatine	

Rezept für 2 Torten à 16 cm

ZWERGORANGEN
JOGHURT, NOUGAT

MANDELBISCUIT

120g	Eier
70g	Zucker
20g	Mehl
75g	Mandeln gemahlen
20g	Butter
50g	Eiweiss
20g	Zucker

Eier und Zucker warm/kalt schlagen. Die Mandeln, gesiebtes Mehl und die flüssige Butter unterrühren. Das Eiweiss mit Zucker steif schlagen und unterheben. Die Masse ca. 1 cm dick aufstreichen.
Im Umluftofen bei 180°C für ca. 9 Min. backen.

ZWERGORANGENKOMPOTT

200g	Kumquats
60g	Zucker
200g	Wasser
1 Stück	Vanilleschote
10g	Butter
20g	Grand Marnier Extrait 50%Vol. (Lateltin)
2g	Pektin

Kumquats in feine Stücke schneiden und kurz in kochendem Wasser blanchieren. Abtropfen lassen und alle restlichen Zutaten zugeben. Langsam köcheln lassen. Das Kompott auskühlen lassen und auf Ø 15 cm Flexipan-Matten verteilen und tiefkühlen.

NOUGATMOUSSE

20g	Milch
10g	Eigelb
10g	Grand Marnier
30g	Praline 1:1 dunkel (Carma)
90g	Dunkle Couverture Bourbon 50% (Carma)
2g	Blattgelatine
120g	Rahm 35% (Emmi)

Milch und Eigelb zur Rose abziehen/passieren und den Grand Marnier zugeben. Praline 1:1 dunkel sowie geschmolzene Couverture unterrühren, die aufgelöste Gelatine zugeben und alles gut verrühren. Anschliessend den geschlagenen Rahm unterheben. Die Mousse auf dem Zwergorangen-Kompott verteilen, tiefkühlen.

JOGHURTMOUSSE

200g	Joghurt
20g	Zucker
1 Stück	Limette
5g	Blattgelatine
100g	Rahm 35% (Emmi)
50g	Eiweiss
20g	Zucker

Joghurt, Zucker, Abrieb und Saft einer Limette verrühren. Die aufgelöste Gelatine und anschliessend den geschlagenen Rahm in die Joghurtmassse rühren. Das Eiweiss mit Zucker steif schlagen und unterheben.

ORANGENGLASUR

240g	Rahm 35% (Emmi)
300g	Orangenpüree
300g	Zucker
100g	Glukose
200g	Weisse Couverture Nuit Blanche 37,5% (Carma)
14g	Blattgelatine

Rahm, Orangenpüree, Zucker und Glukose einmal aufkochen. Die heisse Flüssigkeit über die feste weisse Couverture giessen. Die eingeweichte Gelatine zugeben und ca. 3 Minuten ohne Luftblasen mixen. Verarbeitungstemperatur: ca. 30°C

Mit der Glasur die gefroren Torte überziehen und nach Wunsch ausgarnieren.

Rezept für 2 Torten à 25 cm

HIMBEER
MASCARPONE

PISTAZIENBISCUIT

40g	Mandeln gemahlen
30g	Pistazienpaste
70g	Zucker
50g	Eigelb
35g	Eier
25g	Butter
	grüne Lebensmittelfarbe
50g	Stärke
110g	Eiweiss
40g	Zucker

Mandeln, Pistazienpaste, Zucker mit Eigelb und Eiern sowie etwas grüner Lebensmittelfarbe aufschlagen. Die Stärke unter die Eiermasse rühren. Das Eiweiss mit Zucker steif schlagen und unterheben. Die Masse ca. 5 mm dick auf ein Backpapier aufstreichen und im Umluftofen bei 180°C für ca. 9 Min. backen.

HIMBEERGELEE

450g	Himbeerpüree
90g	Zucker
10g	Blattgelatine

Himbeerpüree mit Zucker erwärmen und die eingeweichte Gelatine unterrühren. Das Gelee in eine Flexipan-Terrine 3 cm * 3 cm * 50 cm giessen.

MASCARPONECREME

100g	Milch
40g	Eigelb
60g	Honig
14g	Stärke
1 Stück	Limette (Schale/Saft)
6g	Blattgelatine
150g	Mascarpone
100g	Rahm 35% (Emmi)
80g	Eiweiss
20g	Zucker

Aus Milch, Eigelb, Honig und der Stärke eine Creme kochen. Zitronensaft und Schale einer Limette zugeben. Die eingeweichte Gelatine unterrühren und den geschlagenen Rahm unterheben. Eiweiss mit Zucker steif schlagen und zügig unterheben.
Röhren 5 cm * 50 cm mit einer Strukturfolie auslegen. Die Creme hinein dressieren und das gefrorene Gelee eindrücken.
Die Röhren tiefkühlen und anschliessend mit roter Kakaobutterfarbe besprühen.

Rezept für 4 Torten à 16 cm

KIRSCH-PISTAZIEN

PISTAZIENBISCUIT

60g	Mandeln gemahlen
40g	Pistazienpaste
100g	Zucker
80g	Eigelb
50g	Eier
40g	Butter
80g	Stärke
160g	Eiweiss
60g	Zucker

Mandeln, Pistazienpaste, Zucker, Eigelb und Eier mischen. Anschliessend die flüssige Butter und die Stärke unterrühren. Das Eiweiss mit Zucker steif schlagen und unter die Masse heben. Biscuit ca. 5 mm dünn aufstreichen und im Umluftofen bei 180°C ca. 15 Min. backen. Auskühlen lassen und ø 15 cm ausstechen.

PISTAZIENCREME

130g	Milch
50g	Eigelb
80g	Zucker
20g	Stärke
4g	Blattgelatine
50g	Kakaobutter Mycryo
30g	Pistazienpaste
320g	Rahm 35% (Emmi)

Aus Milch, Eigelb, Zucker und Stärke eine Creme kochen. Anschliessend die eingeweichte Gelatine, die Kakaobutter und die Pistazienpaste unterrühren. Die Creme auf ca. 35°C abkühlen lassen und den geschlagenen Rahm unterheben. Die Creme in Flexipan-Matten ø 15 cm verteilen und mit eingelegten Griotten bestreuen. Tiefkühlen

MOUSSE MADAGASCAR

160g	Rahm 35% (Emmi)
40g	Invertzucker
400g	Couverture Madagascar Original Rare 64% (Carma)
80g	Eigelb
4g	Blattgelatine
80g	Zucker
240g	Eiweiss

Rahm mit Invertzucker aufkochen und über die feste Couverture giessen. Das Eigelb unter den Ganache rühren und auf ca. 35°C abkühlen. Die eingeweichte Gelatine auflösen und ebenfalls unterrühren. Zucker mit Eiweiss steif schlagen und zügig unterheben. Die Mousse ca. 1/3 hoch auf den Biscuit verteilen. Die gefrorene Creme eindrücken und mit der Mousse Madagascar glatt streichen. Tiefkühlen und mit der dunklen Glasur überziehen.

GLASUR

200g	Wasser
360g	Zucker
250g	Rahm 35% (Emmi)
120g	Kakaopulver (Carma)
300g	Dunkle Couverture Bourbon 50% (Carma)
200g	Kokosfett
18g	Blattgelatine

Wasser, Zucker und Rahm aufkochen. Die restlichen Zutaten zugeben und ca. 3 Minuten ohne Luftblasen mixen.
Verarbeitungstemperatur: ca. 30°C

Rezept für 2 Torten à 16 cm

WALDBEEREN

SAURER HALBRAHM, KAFFERNLIMETTE

BISCUIT

110g	Butter
105g	Zucker
100g	Eigelb
110g	Couverture Madagascar Original Rare 64% (Carma)
100g	Eiweiss
60g	Zucker
80g	Mehl

Butter mit Zucker und Eigelb leicht schaumig schlagen, Couverture flüssig unterrühren. Eiweiss mit Zucker steif schlagen und unterheben. Das Mehl unterheben und die Masse ca. 50 cm * 30 cm gross auf ein Backpapier oder eine Backmatte aufstreichen. Im Umluftofen bei 160°C für ca. 15 Min. backen.
Auskühlen und 6 Böden mit 15cm Durchmesser ausstechen.

WALDBEERENGELEE

300g	Waldbeerenpüree
5 Blatt	Kaffernlimettenblätter
40g	Zucker
8g	Blattgelatine

Die Walderdbeeren mit den Kaffernlimettenblättern und Zucker einmal aufkochen und mindestens 5h ziehen lassen. Die Kaffernlimettenblätter wieder entfernen und nochmals leicht erwärmen, die eingeweichte Gelatine zugeben. Die Masse in Flexipan-Matten Ø 15 cm füllen und tiefkühlen.

SAUERAHMMOUSSE

250g	Saurer Halbrahm (Emmi)
50g	Limettensaft
60g	Zucker
12g	Blattgelatine
125g	Rahm 35% (Emmi)
75g	Eiweiss
30g	Zucker

Sauren Halbrahm mit Zucker und Limettensaft verrühren. Die aufgelöste Gelatine zugeben und geschlagenen Rahm unterheben. Zum Schluss Eiweiss mit Zucker steif schlagen und unterheben. Den ausgestochenen Biscuit in einen Tortenring einlegen. Etwas Mousse einfüllen und nochmals einen Biscuit einlegen. Wieder etwas Mousse und den gefrorenen Waldbeerengelee eindrücken, etwas Mousse und anschliessend den dritten Biscuit einlegen, mit Mousse abschliessen. Tiefkühlen und mit der weissen Glasur überziehen.

WEISSE GLASUR

110g	Zucker
90g	Milch
110g	Wasser
40g	Glukose
350g	Weisse Couverture Ivoire 35% (Carma)
75g	Kokosfett
4g	Blattgelatine
	weisse Lebensmittelfarbe

Zucker, Milch, Wasser und Glukose aufkochen. Die Couverture, das Kokosfett und die eingeweichte Gelatine zugeben und ca. 3 Minuten ohne Luftblasen mixen.
Verarbeitungstemperatur: ca. 30°C

PRALINEN

Rezept für ca. 120 Pralinen

MANGO
SESAM

SESAMKROKANT

20g	Milch
50g	Butter
20g	Glukose
60g	Zucker
10g	Pektin Gelbband
30g	Sesam hell
30g	Sesam schwarz

Milch, Butter, Glukose und Zucker auf 106°C kochen. Pektin mit Sesam mischen und in die heisse Masse rühren. Die noch heisse Masse zwischen zwei Backpapierlagen so dünn wie möglich ausrollen. Das oberste Papier abziehen und im Umluftofen bei 170°C ca. 15 Min. goldbraun backen. Den Krokant sofort rund ausstechen.

PASSIONS-TAPIOKA-PERLEN

400g	Passionsfruchtsaft
200g	Mangopüree
20g	Tapioka-Perlen (Asia Shop)

Passionsfruchtsaft/Mangopüree mit den Tapioka-Perlen ca. 30 Minuten ganz leicht köcheln lassen. Erkalten lassen und in 120 Pralinen-Halbkugelformen dressieren. Vorsichtig 2 Mal mit temperierter weisser Couverture verschliessen.

MANGO-GANACHE

160g	Mangopüree
10g	Zitronensaft
30g	Glukose
110g	Butter
1 Stück	Vanillestängel
15g	Sorbitol
160g	Weisse Couverture 35% Ivoire (Carma)

Mangopüree, Zitronensaft, Glukose, Butter, Vanille und Sorbitol einmal aufkochen, etwas abkühlen lassen und über die Couverture giessen. Ganache schmelzen und anschliessend homogenisieren. Ganache in 120 Pralinen Halbkugelformen dressieren, abstehen lassen und verschliessen.

120 Stück. Pralinen-Hohlkörper mit gelber Kakaobutterfarbe besprühen und mit weisser Couverture ausgiessen. Passions-Tapiaka-Perlen einfüllen und vorsichtig mit weisser Couverture verschliessen. Weitere 120 Stück Pralinen-Hohlkörper mit weisser Couverture ausgiessen und den Mango-Ganache einfüllen. Den Ganache 12 Std. auskristallisieren lassen und verschliessen. Jede weisse Halbkugel auf ein Schokoladenplättchen setzen. Den ausgestochenen Sesamkrokant darauf legen und mit einer gelben Halbkugel abschließen.

Rezept für ca. 120 Pralinen

WALDERDBEER-PFEFFER
CHAMPAGNER

WALDERDBEEREN-COULIS

100g	Walderdbeerenpüree
100g	Zucker
25g	Glukose
1g	Pfeffer gemahlen
10g	Zucker
2g	Pektin Gelband
2g	Zitronensäure

Walderdbeerenpüree mit Zucker und Glukose aufkochen. Anschliessend den Zucker mit Pektin mischen und ebenfalls zum Püree geben. Die Masse nun unter Rühren auf 106°C kochen, die Zitronensäure flüssig unterrühren. Erkalten lassen und in die Pralinenformen 1/3 hoch dressieren.

CHAMPAGNER-GANACHE

80g	Rahm 35% (Emmi)
15g	Butter
1 Stück	Vanilleschote
250g	Milch Couverture Claire 33% (Carma)
80g	Champagner (Lateltin)
25g	Vieux Marc de Champagner Goyard 40%Vol. (Lateltin)
15g	Sorbitol

Den Rahm, Butter und Vanille aufkochen, etwas abkühlen lassen und über die Couverture giessen. Schmelzen lassen, die restlichen Rohstoffe zugeben und homogenisieren. Ganache in Formen füllen und 12 Std. auskristallisieren lassen. Mit Milch Couverture verschliessen.

Pralinen-Hohlkörper mit roter Kakaobutterfarbe und Goldpulver aussprühen und mit Milch Couverture ausgiessen. Mit grün eingefärbten Kakao-Nibs dekorieren.

Rezept für ca. 120 Pralinen

ERDBEER-PAPRIKA

WEISSE COUVERTURE

GANACHE

210g	Paprikapüree
80g	Erdbeerpüree
90g	Glukose
1.5g	Paprikapulver (scharf)
25g	Butter
65g	Kakaobutter
370g	Weisse Couverture Nuit Blanche 37,5% (Carma)

Paprikapüree, Erdbeerpüree, Glukose, Paprika scharf, Butter und Kakaobutter auf 70°C erwärmen. Über die feste Couverture geben und schmelzen.
Alles kurz homogenisieren und in weisse Hohlkugeln füllen, 12 Std. auskristallisieren lassen und anschliessend mit Couverture verschliessen. In die flüssige Couverture einen Lolli-Stängel drücken. Fest werden lassen und anschliessend die Kugeln tauchen.

Rezept für ca. 120 Pralinen

WHISKY
LIMETTE, BUTTER, SALZ

LIMETTENCOULIS

100g	Limettensaft
100g	Zucker
25g	Glukose
10g	Zucker
5g	Pektin Gelband

Limettensaft mit Zucker und Glukose aufkochen. Anschliessend den Zucker mit Pektin mischen und ebenfalls zum Limettensaft geben. Die Masse nun unter Rühren auf 106°C kochen. Erkalten lassen und in die Pralinenformen dressieren.

BUTTER-WHISKY GANACHE

75g	Butter
15g	Milch Couverture Claire 33% (Carma)
65g	Single Malt Whisky 16 y Bourbon 46%Vol. (Lateltin)

Die Butter leicht schaumig schlagen, die Milchcouverture flüssig zugeben und langsam den Whisky unterrühren. Die Masse in Pralinenformen dressieren. Die Pralinen etwas abstehen lassen und mit temperierter Milch Couverture verschliessen.

SALZ-FELSENZUCKER

100g	Zucker
40g	Fleur de Sel
30g	Wasser
20g	Eiweisssspritzglasur

Zucker, Fleur de Sel und Waser auf 145°C aufkochen. Die Spritzglasur mit dem Schneebesen zügig unterrühren. Der Zucker gewinnt doppeltes Volumen. Weiterrühren bis die Masse nochmals an Volumen gewinnt. Sofort auf Backpapier giessen und erkalten lassen. In kleine Stücke brechen und die Pralinen garnieren.

Rezept für ca. 120 Pralinen

PORTWEIN

DÖRRPFLAUME, DUNKLE COUVERTURE

PORTWEIN-GANACHE

60g	Porto Honorable 18 %Vol. (Lateltin)
60g	Rahm 35% (Emmi)
40g	Butter
20g	Sorbitol
400g	Couverture Madagascar Original Rare 64% (Carma)
270g	Porto Honorable 18 %Vol. (Lateltin)

Portwein, Rahm, Butter und Sorbitol auf ca. 80°C erwärmen. Die heisse Flüssigkeit über die feste Couverture giessen und schmelzen. Anschliessend den Portwein zugeben und homogenisieren.

EINLAGE

Dörrpflaumen

Dörrpflaumen grob hacken und in die Pralinenkugeln streuen. Mit dem Portwein-Ganache auffüllen und ca. 3 Std. auskristallisieren lassen. Mit Couverture Madagascar überziehen und nach Wunsch ausgarnieren.

Rezept für ca. 120 Pralinen

BALSAMICO
KIRSCH

GANACHE

200g	Kirschpüree
2 Stück	Vanilleschote
280g	Butter
480g	Weisse Couverture Ivoire 35% (Carma)
60g	Balsamico-Essig
40g	Kirsch Berghof 40%Vol. (Lateltin)

Kirschpüree mit Vanille und Butter auf ca. 70°C erwärmen, über die feste Couverture geben. Am Schluss Balsamico sowie Kirsch zugeben und homogenisieren. Ganache in die vorbereitete Pralinenformen dressieren und 3 Std. auskristallisieren lassen. Verschliessen und leicht tiefgekühlt mit roter Kakaobutterfarbe besprühen. Mit dem Pinsel weisse Spritzer ausgarnieren.

Rezept für ca. 120 Pralinen

KAFFEE

ZITRONE, SCHOKOLADE

ZITRONENCOULIS

50g	Zitronensaft
250g	Zucker
25g	Glukose
6g	Zucker
2g	Pektin Gelband

Limettensaft mit Zucker und Glukose aufkochen. Anschliessend den Zucker mit Pektin mischen und ebenfalls zum Limettensaft geben. Die Masse nun unter Rühren auf 106°C kochen. Erkalten lassen und in die Pralinenformen dressieren.

KAFFEE-GANACHE

240g	Rahm 35% (Emmi)
90g	Kaffeebohnen
30g	Butter
3 Stück	Vanilleschote
15g	Sorbitol
15g	Glukose
270g	Milch Couverture Claire 33% (Carma)

Den Rahm aufkochen und die Kaffeebohnen 12 Std. darin ziehen lassen, absieben und Butter, Vanilleschote, Sorbitol und Glukose zugeben.
Auf ca. 25°C erwärmen und flüssige Couverture (ca. 40°C) unterrühren. Ganache einmal kurz homogenisieren und in Formen dressieren
Ca. 2 Std. abstehen lassen und verschliessen. Nach Belieben ausgarnieren.

KAFFEE-KROKANT

100g	Kaffeebohnen
150g	Zucker
75g	Wasser

Die Kaffeebohnen grob hacken. Zucker mit Wasser zum zähen Sirup einkochen. Kaffeebohnen zugeben und so lange mitkochen, bis der Zucker wieder rückkristallisiert. Etwas weiter karamellisieren lassen, bis sich kleine Klumpen bilden. Krokant auskühlen lassen und mit gelber Kakaobutterfarbe trocken einfärben.

Eier Formen 4,5 cm * 1,5 cm mit dunkler Couverture ausgiessen. Zitronen-Coulis sowie Ganache einfüllen, verschliessen und auf einen gelb eingefärbten Couverturetropfen setzen. Ausgarnieren

Rezept für ca. 120 Pralinen

CASSIS

BUTTER, VANILLE

GANACHE

100g	Cassispüree
160g	Butter
20g	Glukose
2 Stück	Vanilleschote
260g	Weisse Couverture Ivoire 35% (Carma)
120g	Cassis de Bourgogne Simon Ainé 15%Vol. (Lateltin)

Cassispüree mit Butter, Glukose und Vanille aufkochen. Anschliessend auf ca. 70°C abkühlen lassen und die Couverture zugeben. Schmelzen und den Likör unterrühren. Einmal kurz mixen. Ganache in die vorbereitete Pralinenformen dressieren und 12 Std. auskristallisieren lassen. Verschliessen und leicht tiefgekühlt mit blauer Kakaobutterfarbe besprühen. Ausgarnieren nach Wunsch.

GANACHE

200g	Rahm 35% (Emmi)
100g	Butter
1 Stück	Vanilleschote
400g	Weisse Couverture Ivoire 35% (Carma)
100g	Praline hell 1:1 hell
60g	Haselnüsse geröstet, gehackt

Rahm, Butter und Vanille aufkochen. Anschliessend etwas abkühlen lassen. Über die feste Couverture giessen und schmelzen lassen. Die restlichen Zutaten zugeben und mischen. Die Masse etwas abkühlen lassen und leicht schaumig schlagen. In die vorbereiten Formen dressieren. Abstehen lassen und verschliessen.

HASELNUSS KROKANT

200g	Haselnüsse gehackt
100g	Zucker
40g	Wasser

Die Haselnüsse im Backofen leicht rösten. Zucker und Wasser einmal aufkochen. Anschliessend die Haselnüsse zugeben und karamellisieren. Zum Abkühlen auf einem Backpapier verteilen.

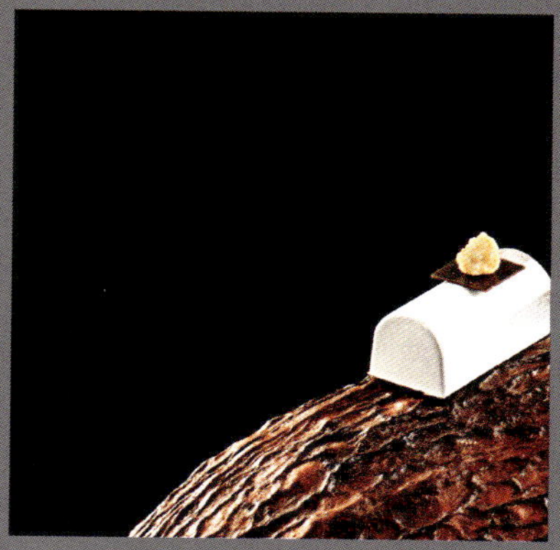

Rezept für ca. 120 Pralinen

NOUGATSCHAUM
HASELNÜSSE, KARAMELL

Rezept für ca. 120 Pralinen

APRIKOSE
PFEFFERMINZ

APRIKOSENGELEE

120g	Aprikosenpüree
13g	Zucker
20g	Glukose
12g	Zucker
3g	Pektin (Gelband)
3g	Zitronensäure flüssig
2 Tropf	Pfefferminzöl

Aprikosenpüree mit Zucker und Glukose aufkochen. Anschliessend den Zucker mit Pektin mischen und ebenfalls zum Püree geben. Die Masse nun unter Rühren aufkochen. Erkalten lassen und in die Pralinenformen 1/3 hoch dressieren

GANACHE

200g	Rahm 35% (Emmi)
60g	Invertzucker
70g	Butter
320g	Dunkle Couverture Bourbon 50% (Carma)
40g	Le Vieil Abricot des Trois Rois, 40 % Vol. (Lateltin)

Rahm, Invertzucker und Butter auf 30°C erwärmen. Die Couverture ebenfalls auf 30°C erwärmen. Die Zutaten kurz mischen und mit dem Le Vieil Abricot homogenisieren. Ganache auf das Gelee füllen und 1 Std. abstehen lassen. Verschliessen.

Vorbereitung: Pralinen-Halbkugeln 2,5 cm mit gelber sowie roter Kakaobutter besprühen. Ca. 120 Halbkugeln mit weisser Couverture ausgiessen, die anderen mit dunkler Couverture.

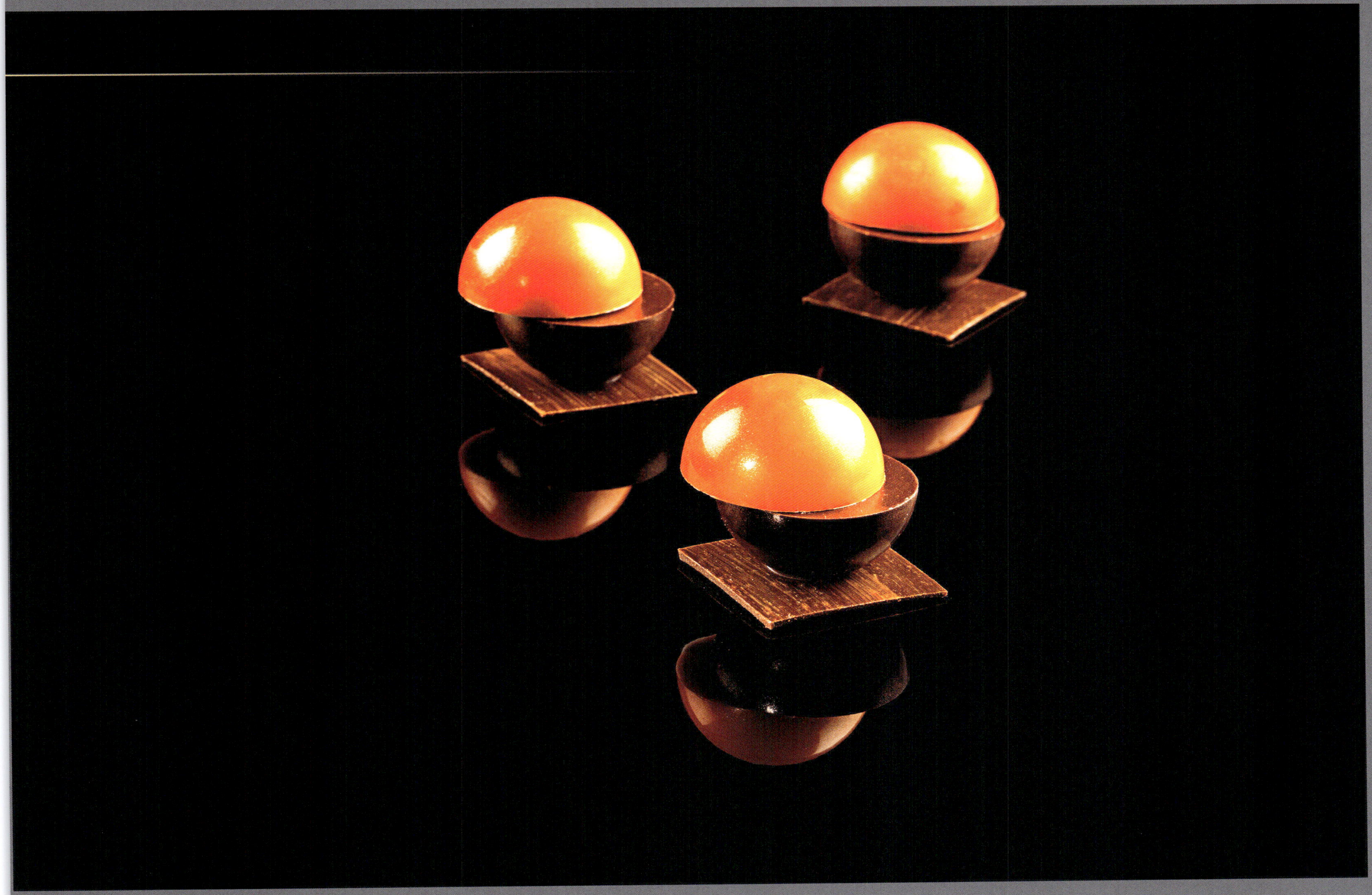

Rezept für ca. 100 Pralinen

HIMBEER

HIMBEER-GANACHE

260g	Himbeerpüree
40g	Butter
40g	Glukose
40g	Himbeergeist Berghof 40%Vol. (Lateltin)
10g	Sorbitol
200g	Dunkle Couverture Bourbon 50% (Carma)

Himbeerpüree, Butter und Glukose auf ca. 35°C erwärmen. Anschliessend Himbergeist und Sorbitol unterrühren. Die temperierte Couverture ebenfalls unterühren und kurz homogenisieren. Ganache in die vorbereiteten Pralinenformen füllen und ca. 1Std. auskristallisieren lassen, verschliessen.

Pralinen-Hohlkörper mit roter Kakaobutter Farbe aussprühen und mit dunkler Couverture ausgiessen. Nach dem Ausformen weisse Couverture mit Goldpulver verrühren und 3 Punkte auf die Form dressieren.

Rezept für ca. 70 Pralinen

CURRY-CRANBERRY

GANACHE

250g	Rahm 35% (Emmi)
60g	Butter
60g	Glukose
60g	Dunkle Couverture Bourbon 50% (Carma)
450g	Milch Couverture Claire 34%(Carma)
45g	getrocknete Cranberry
12g	Curry (Mumbai)

Rahm, Butter und Glukose auf ca.80°C erwärmen und über die feste Couverture giessen. Schmelzen lassen und anschliessend kurz homogenisieren. Cranberries hacken und mit dem Curry unter den Ganache rühren. Ganache in einen Rahmen ca. 1 cm hoch eingiessen. Auskristallisieren lassen dünn mit temperierter Couverture bestreichen, wenden und in 1.5 cm * 3 cm grosse Stücke schneiden. Mit temperierter dunkler Couverture überziehen. Nach Wunsch ausgarnieren.

Rezept für ca. 120 Pralinen

KIRSCH

BUTTER, KIRSCHWASSER, MANDEL

BISCUIT

75g	Eier
30g	Zucker
20g	Stärke
25g	Mehl

Eier mit Zucker aufschlagen. Anschliessend Stärke und Mehl darüber sieben und vorsichtig unter die Eiermischung heben. Die Masse ca. 3 mm dick aufstreichen und im Umluftofen bei 180°C ca. 13 Min. backen. Nach dem Abkühlen dünn mit temperierter Milch Couverture bestreichen und in 5 mm * 15 mm schneiden.

KIRSCHGELEE

100g	Kirschpüree
100g	Zucker
25g	Glukose
10g	Zucker
8	Pektin Gelband
1,5g	Zitronensäure

Kirschpüree mit Zucker und Glukose aufkochen. Anschliessend den Zucker mit Pektin mischen und ebenfalls zum Kirschpüree geben. Die Masse nun auf 106°C aufkochen. Die Zitronensäure unterrühren und sofort ca. 3 mm ausgiessen. Erkalten lassen, in Streifen schneiden und in die Pralinenformen einlegen.

BUTTER-KIRSCH-GANACHE

75g	Butter
150g	Milch Couverture Claire 33% (Carma)
65g	Kirsch Berghof 40%Vol. (Lateltin)

Die Butter leicht schaumig schlagen, die Milch Couverture flüssig zugeben und zum Schluss langsam den Kirsch unterrühren. Die Masse ca. 2/3 hoch in die Formen füllen und mit dem Biscuit abdecken. Die Pralinen etwas abstehen lassen und mit Milch Couverture verschliessen.

MANDEL KARAMELLISIERT

50g	Zucker
20g	Wasser
100g	Mandelstifte

Zucker und Wasser einmal aufkochen. Die Mandelstifte mit dem warmen Sirup mischen und auf ein Backpapier verteilen. Im Backofen bei 150°C goldbraun rösten.

Rezept für ca. 120 Pralinen

SCHWARZE OLIVEN
WEISSE COUVERTURE

OLIVEN KANDIERT

80g	schwarze Oliven
90g	Wasser
100g	Zucker

Schwarze Oliven fein hacken. Oliven mit Wasser und Zucker langsam für ca. 10 Minuten köcheln lassen. Die Oliven absieben und abkühlen.

GANACHE

110g	Rahm 35% (Emmi)
250g	Weisse Couverture Nuit Blanche 37,5% (Carma)
40g	Olivenöl Extra Vergine

Rahm auf ca. 80°C erwärmen und mit der festen Couverture mischen. Olivenöl langsam unterrühren und kurz homogenisieren. Die gehackten/abgetropften Oliven zugeben und in die vorbereitete Pralinenformen füllen.

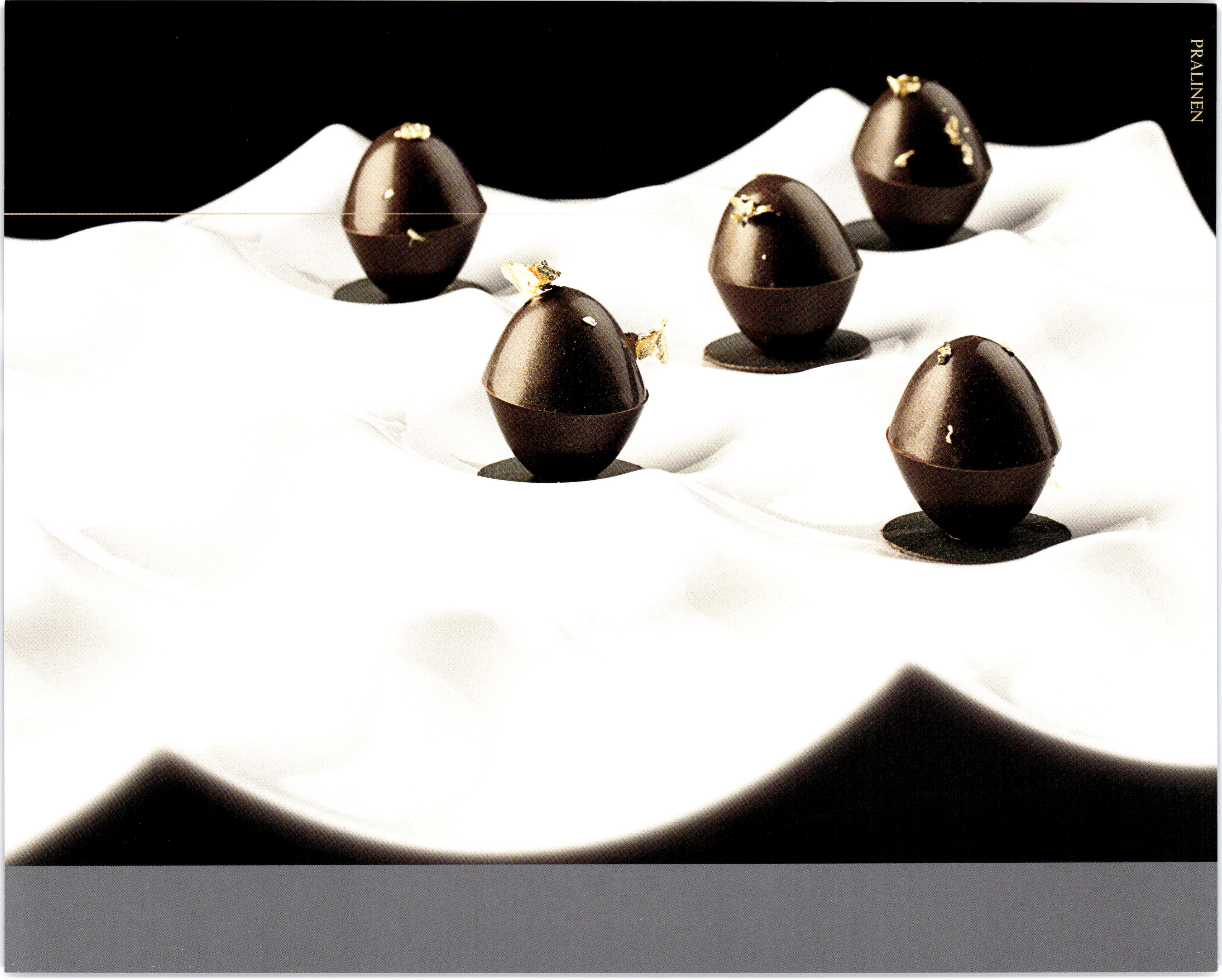

Rezept für ca. 120 Pralinen

APFEL

KARDAMOM, KARAMELL

APFELGELEE

200g	Apfelpüree
200g	Zucker
50g	Glukose
24g	Zucker
6g	Pektin Gelband
3g	Zitronensäure flüssig
4g	Kardamon gemahlen

Apfelpüree mit Zucker und Glukose aufkochen. Anschliessend Zucker mit Pektin mischen und ebenfalls zum Püree zugeben. Die Masse nun unter Rühren aufkochen lassen. Zum Schluss die Zitronensäure kurz unterrühren. Erkalten lassen und in die Pralinenformen 1/3 hoch dressieren.

KARAMELL-GANACHE

60g	Zucker
360g	Rahm 35% (Emmi)
40g	Butter
40g	Glukose
8g	Sorbitol
360g	Milch Couverture Claire 33% (Carma)

Den Zucker trocken karamellisieren und mit dem Rahm ablöschen. Anschliessend Butter, Glukose und Sorbitol unterrühren und über die feste Milch Couverture giessen. Ganache einmal kurz homogenisieren und in Formen füllen.

120 Stück. Pralinen-Hohlkörper mit Kakaobutterfarbe gelb und mit weisser Couverture ausgiessen. Apfelgelee einfüllen und vorsichtig mit weisser Couverture verschliessen. Weitere 120. grosse Pralinenhohlkörper mit dunkler Couverture aus giessen und den Karamell Ganache einfüllen. Ganache 12 Std. auskristallisieren lassen und verschliessen. Pralinenkörper mit temperierter Couverture zusammensetzen.

PETITS FOURS

Rezept für ca. 60 Petits Fours

PAPAYA-BERGAMOTTE

BISCUIT

100g	Eier
60g	Mandelmasse 1:1 (Carma)
40g	Butter
10g	Mehl
10g	Stärke

Die Eier mit der Mandelmasse aufschlagen. Flüssige Butter sowie Mehl und Stärke unterrühren. Die Masse auf ein Backpapier ca. 5mm dünn aufstreichen.
Im Umluftofen bei 180°C für ca. 9 Min. backen. Auskühlen lassen und 3 cm rund ausstechen.

BERGAMOTTEMOUSSE

200g	Bergamottensaft
100g	Zucker
12g	Blattgelatine
400g	Rahm 35% (Emmi)
100g	Eiweiss
100g	Zucker

Bergamottesaft mit Zucker und Gelatine leicht erwärmen. Den geschlagenen Rahm unterheben und zum Schluss das Eiweiss mit Zucker steif schlagen und ebenfalls unterheben. Plastikröhren ø 3 cm mit Folie auslegen und die Mousse einfüllen. Die Stangen tiefkühlen und in 2,5 cm grosse Stücke schneiden, auf den ausgestochenen Biscuit setzen. Anschliessend 3 cm breite Plastikfolien mit gelber/roter Kakaobutterfarbe bepinseln, dünn mit temperierter weisser Couverture bestreichen und die Mousse darin einschlagen.

PAPAYAKOMPOTT

3 Stck.	Papaya
100g	Brillant-Gel

Die Papaya schälen und in kleine Würfel schneiden, mit dem Brillant Gel mischen.

Rezept für ca. 30 Petits Fours

ZITRONENGRAS-GANACHE

SAFRAN, MANDEL

SAFRANBISCUIT

50g	Eier
30g	Zucker
50g	Mandeln gemahlen
10g	Mehl
4 Msp.	Safran gemahlen
7g	Zucker
25g	Eiweiss

Eier mit Zucker aufschlagen. Mandel, Mehl, Safran trocken mischen und zugeben. Das Eiweiss mit Zucker steif schlagen und ebenfalls unterheben. Die Masse ca. 5 mm dünn aufstreichen. Im Umluftofen bei 170°C für ca. 10 Min backen. Auskühlen lassen und mit Ø 2 cm ausstechen.

ZITRONENGRAS-GANACHE

50g	Rahm 35% (Emmi)
12g	Butter
5g	Glukose
1 Stück	Zitronengrass
80g	Weisse Couverture Ivoire 35% (Carma)

Rahm, Butter, Glukose aufkochen. Gestossenes Zitronengras einige Minuten darin ziehen lassen. Die Rahmmischung nochmals vorsichtig erwärmen, weisse Couverture zugeben und schmelzen lassen. Homogenisieren und in die vorbereiten weissen Pralinenhalbkugeln dressieren. Mit dem Biscuit abschliessen. Die Halbkugeln mit temperierter weisser Couverture verschliessen und zusammensetzen. In die Kugeln ein kleines Loch schmelzen und den Lolli-Stängel hineindrücken.

EIWEISS BAISER HAUBEN

100g	Zucker
100g	Eiweiss
100g	Zucker

Eiweiss mit etwas Zucker zu Schnee schlagen, zum Schluss den restlichen Zucker zugeben und kleine Tupfen auf eine Silpat-Matte dressieren. Bei ca. 50°C trocknen.

Rezept für ca. 50 Petits Fours

SCHWARZTEE-GANACHE

HIMBEEREN, PUMPERNICKEL, MANDEL

PUMPERNICKEL-BISCUIT

50g	Eier
40g	Zucker
10g	Mandeln gemahlen
15g	Pumpernickel
10g	Mehl
15g	Eiweiss
5g	Zucker

Eier und Zucker aufschlagen. Die gemahlenen Mandeln mit dem Pumpernickel und dem Mehl mixen. Anschliessend unter die Eiermasse mischen und zum Schluss Eiweiss mit Zucker steif schlagen. Das Eiweiss unter die Eiermasse heben. Die Masse ca. 5 mm dick aufstreichen. Im Umluftbackofen bei 180°C ca. 12 Minuten backen.

SCHWARZTEE-GANACHE

100g	Rahm 35% (Emmi)
7g	Schwarztee (z. B. Darjeeling)
50g	Butter
210g	Milch Couverture Claire 33% (Carma)

Den Rahm aufkochen, Schwarztee zugeben und 5 Min. ziehen lassen. Absieben und nochmals aufkochen. Die Butter zugeben und über die Couverture giessen, schmelzen/homogenisieren. Den Rahmen auf den Biscuit legen und Ganache ca 5 mm hoch aufgiessen, Auskristallisieren lassen. Drehen und auf den Biscuit geben. Dünn mit temperierter dunkler Couverture bestreichen. Wenden und in 2 cm * 3 cm grosse Stücke schneiden.

HIMBEERGELEE

90g	Himbeerpüree
90g	Zucker
40g	Glukose
5g	Pektin Gelbband
10g	Zucker
5g	Zitronensäure flüssig

Himbeerpüree, Zucker und Glukose kurz aufkochen, bis sich alles gelöst hat. Pektin und Zucker separat mischen, beigeben und bei 106 °C kochen. Die Zitronensäure flüssig zugeben und in Rahmen ca. 5 mm hoch eingiessen. 24 Std. abstehen lassen. Den Zucker mit Kupfer-Pulverfarbe mischen und das Gelee darin dragieren. In 1,5 cm * 1,5 cm Stücke schneiden.

MARZIPAN

150g	Marzipan

Das Marzipan ca. 5 mm dick ausrollen und in 3 cm lange Stangen schneiden.

Rezept für ca. 70 Petits Fours

NOUGAT MONTELIMAR

APRIKOSE, PISTAZIEN, MANDEL

NOUGAT MONTELIMAR

180g	Zucker
100g	Honig (Lavendel)
110g	Glukose
50g	Wasser
40g	Eiweiss
10g	Zucker
80g	Pistazien
100g	Haselnüsse
100g	Mandeln

Zucker, Honig, Glukose und Wasser auf 146°C kochen. Das Eiweiss mit dem Zucker anschlagen und in die laufende Maschine die Honig-Zucker Masse geben. Alles ca. 15 Minuten lang kalt schlagen. Pistazien, Haselnüsse und Mandeln im Backofen bei 150°C ca. 15 Min. rösten und noch warm zur Eiweissmasse rühren. Zwischen 2 Silpat-Matten ca. 1 cm dick ausrollen. Zum Schluss oben und unten Esspapier oder Oblaten andrücken. Erkalten lassen und in 4 cm * 1,5 cm Stücke schneiden.

APRIKOSENKRUSTE

250g	Zucker
120g	Wasser
100g	Aprikosen Brandy DelFino 40%Vol. (Lateltin)
etwas	gelbe Lebensmittelfarbe

Zucker mit Wasser auf 118°C kochen und anschliessend den Aprikosen Brandy sowie gelbe Lebensmittelfarbe mit dem Schneebesen unterrühren. Die Flüssigkeit in die vorbereiteten warmen Puderkastenformen füllen. Ca. 4-6 Std. auskristallisieren lassen. Auspudern und mit kaltem Wasser abspülen und sofort wieder mit einem Tuch trocknen.
Tipp: Unbedingt mit dem Schneebesen rühren, da dann bereits Kristalle gebildet werden und dadurch schneller eine Kruste entsteht.

Rezept für ca. 30 Petits Fours

KALTER CAPPUCCINO

SHAKE

80g	Eigelb
800g	Espresso
80g	Zucker

Eigelb mit dem Espresso und dem Zucker und auf 85°c erwärmen. Erkalten lassen und in Reagenzgläser füllen.

MILCHSCHAUM

200g	Milch
2g	Lecithin

Die Zutaten mischen und etwas erwärmen, anschliessend aufschäumen.

Rezept für ca. 50 Petits Fours

TROPICAL-KOKOSNUSS

SCHABLONIERTE MASSE

20g	Butter
40g	Puderzucker
10g	Kokosnuss gemahlen
30g	Eier
50g	Mehl
ca. 8g	Wasser

Alle Zutaten rasch zusammenmischen. Die Masse schablonieren Ø 28 mm, Höhe 4 mm. Zum Schluss mit Glacierpulver bestreuen und im Umluftofen bei 155°C für ca. 14 Min. backen.

ANANASRAGOUT

20g	Zucker
10g	Butter
1 Stück	Vanilleschote
200g	Ananas

Zucker karamellisieren, die Butter unterrühren. Die Vanilleschote und die fein gewürfelte Ananas zugeben und weich kochen lassen. Das Ragout abkühlen lassen und in die dunkel ausgegossenen Halbkugeln ca. 1/3 hoch einfüllen.

TROPICAL-GANACHE

70g	Zucker
60g	Glukose
80g	Rahm 35% (Emmi)
70g	Bananenpüree
30g	Passionsfruchtsaft
40g	Butter
80g	Milch Couverture Claire 33% (Carma)

Zucker und Glukose hell karamellisieren und mit Rahm ablöschen. Anschliessend die Püreemasse auf ca. 35°C abkühlen lassen und pomadige Butter sowie temperierte Couverture zufügen.
Etwas Ananasragout in die vorbereiteten Halbkugelformen geben und mit dem Ganache abschliessen. Das Ganache abstehen lassen und mit temperierter Couverture verschliessen. Beide Halbkugeln zusammensetzen und mit einer Stahlbürste etwas aufrauen. Die Kugeln auf dem schablonierten Keks fixieren und nach Wunsch ausgarnieren.

Rezept für ca. 30 Petits Fours

EISZAPFEN GIN

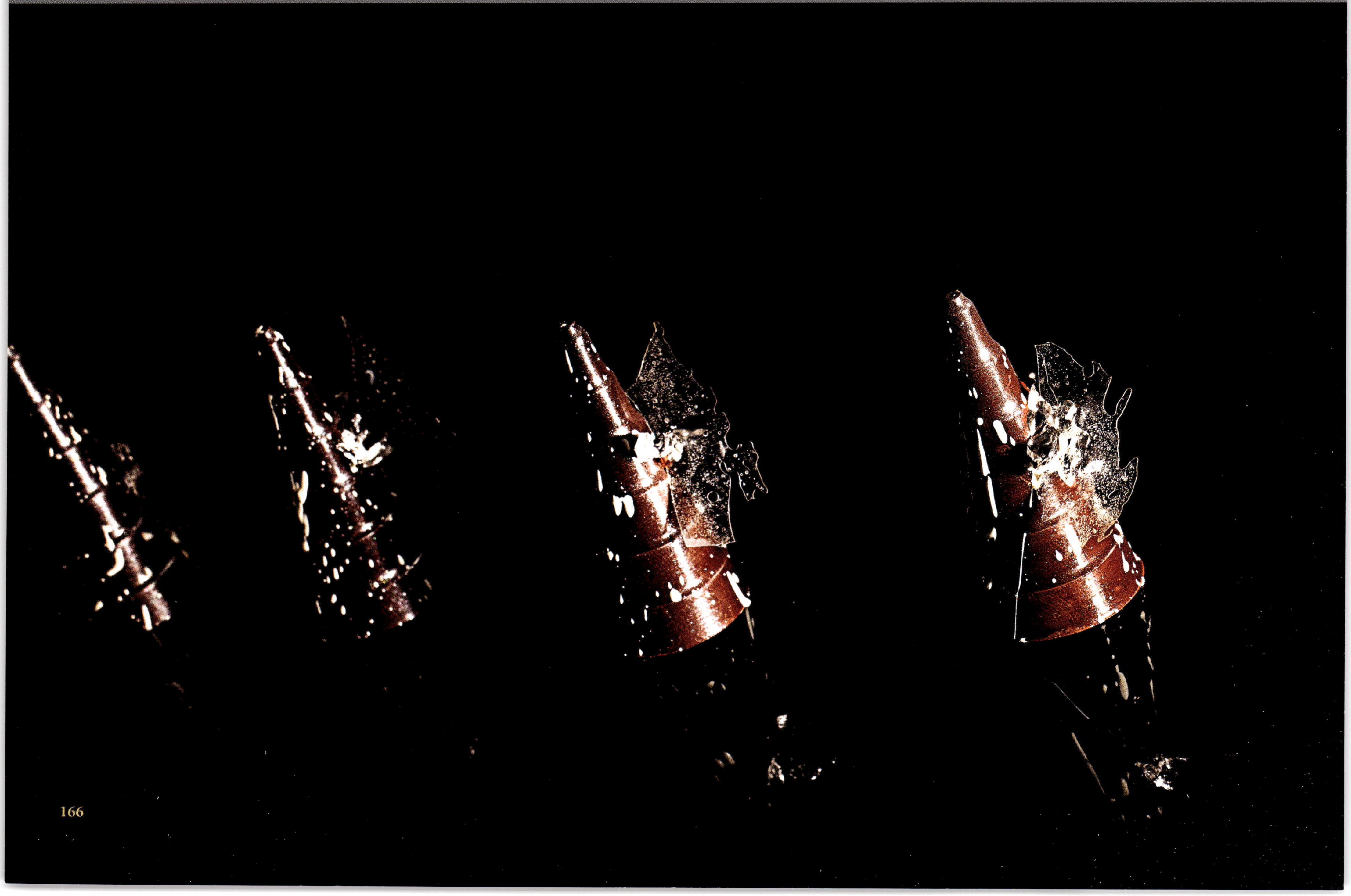

KARAMELL

80g	Zucker
30g	Glukose
20g	Butter
60g	Zitronensaft
30g	Gin the Botanist 46% (Lateltin)

Zucker, Glukose karamellisieren, die restlichen Zutaten langsam unterrühren. Die Masse erkalten lassen und in die vorbereiteten Formen 1/3 hoch füllen. Die Formen tiefkühlen.

PARFAITMASSE

120g	Eigelb
30g	Zucker
1 Stück	Vanilleschote
40g	Gin the Botanist 46%Vol. (Lateltin)
200g	Rahm 35% (Emmi)

Eigelb, Zucker und Vanille warm/kalt aufschlagen. Den Gin und den geschlagenem Rahm unterheben.
In die Formen füllen und mit temperierter dunkler Couverture verschliessen.
Nach Wunsch ausgarnieren.WW

Rezept für ca. 30 Petits Fours

APFELPARFAIT

PARFAIT

60g	Zucker
60g	Eigelb
1 Stück	Vanilleschote
2g	Blattgelatine
80g	Apfelpüree
60g	Calvados Calvaclub 40%Vol. (Lateltin)
240g	Rahm 35% (Emmi)

Zucker, Eigelb und Vanille warm/kalt aufschlagen. Die eingeweichte Gelatine zugeben und weiter schlagen. Apfelpüree und Calvados unterühren. Den geschlagenen Rahm unterheben. In Flexipan-Savarin 4 cm und Flexipan rund 4 cm hoch abfüllen. Für mindestens 3 Std. tiefkühlen oder am besten in einen Schockfroster zum Ausformen geben.
Ausformen und mit Kakaobutterfarbe (gelb, grün, rot) besprühen.

Rezept für ca. 100 Petits Fours

AMARETTI-AMARETTO

BAISER

75g	Eiweiss
75g	Zucker
8g	Stärke
50g	Amaretti gemahlen

Eiweiss mit Zucker steif schlagen. Stärke so wie gemahlene Amaretti unterheben. Die Masse schablonieren Durchmesser 2.5 cm, Höhe 0,4 cm. Mit Knusperstreusel fein und Glacierpulver bestreuen. Im Umluftofen bei 150°C für ca. 10 Min. backen.

GANACHE

150g	Butter
300g	Dunkle Couverture Bourbon 50% (Carma)
130g	Amaretto DelFino 45%Vol. (Lateltin)

Die Butter etwas erwärmen und aufschlagen. Flüssige Couverture unterrühren so wie den Amaretto unter ständigem Rühren langsam zugeben. Ganache auf einen Baiserboden dressieren und den zweiten Boden aufsetzen. Nach Wunsch ausgarnieren.

Rezept für ca. 30 Petits Fours

ANANAS-THAI-BASILIKUM SMOOTHIE

SMOOTHIE

1kg	Ananaspüree	Gefrorenes Ananaspüree mit dem Thai-Basilikum cremig mixen
10g	Thai-Basilikum	

Danke...

Ich möchte mich ganz herzlich bei folgenden Personen bedanken:

- Bei meiner Freundin Nicole Beckmann für ihre ehrliche Kritik, ihre Liebe und Geduld.
- Bei meinen Eltern Annemarie und Friedrich Sänger.
- Bei dem gesamten Chocolate Academy Team: Natascha Schwarzer, Elisabeth Eberle, Jenia Doerig, Joel Perriard.
- Bei unseren Sponsoren, die bei der Realisierung meines ersten Buches eine große Rolle gespielt haben. Ohne die Unterstützung dieser Menschen und Firmen hätte ich dieses grosse Projekt nie gewagt. Ich bin glücklich mit solchen Menschen zusammenarbeiten zu dürfen.
- Bei Kay Johannsen, ohne dessen wertvolle Unterstützung und Tipps die Fotografien niemals möglich gewesen wären.
- Mareike Poll und Stefani Grothe für das Lektorieren und die englische Übersetzung.
- Bei allen Kollegen und Kursteilnehmern, die mich durch ihre Liebe zum Beruf inspiriert haben.

Thank you...

I would like to express my sincere thanks to the following people who have contributed to this endeavor:

- My girlfriend Nicole Beckmann for her constructive feedback, her love, and patience.
- My parents Annemarie and Friedrich Sänger.
- The entire Chocolate Academy Team: Natascha Schwarzer, Elisabeth Eberle, Jenia Doerig, and Joel Perriard.
- Our sponsors that played a big part in completing my first book. Without their support I would have never dared tackling this big project. I am happy to be able to work with such wonderful people.
- Photographer Kay Johannsen whose precious help made sure that the visual eye-candy matched the recipes.
- Mareike Poll and Stefani Grothe for editing and translating.
- All colleagues and class participants that inspired me with their love for my profession.

CARMA®, Barry Callebaut Schweiz AG, Westpark, Pfingstweidstrasse 60, CH-8005 Zürich
Tel. +41 (0)43 204 03 30, Fax. +41 (0)43 204 04 50, info@carma.ch, www.carma.ch

LATELTIN
TOP OF SPIRITS
Lateltin AG, Im Hölderli 19, CH-8405 Winterthur,
Tel. +41 (0)52 234 45 45, info@lateltin.com, www.lateltin.com

Recipe for approx. 24 portions

BROWNIE

APPEL, STAR ANISE, WALNUTS

BROWNIE

300g	Butter
400g	Sugar
200g	Couverture 64% Madagascar Original Rare (Carma)
240g	Eggs
160g	Walnuts, chopped
160g	Flour
6g	Star anise, ground

Beat butter and sugar until slightly creamy, stir in the melted Couverture Madagascar „Original Rare". Gradually add eggs and mix in the remaining ingredients quickly. Spread the mixture in a frame 34 cm * 24 cm, bake in convection oven at 170°C for 15 min.

MILK CHOCOLATE MOUSSE

80g	Eggs
25g	Sugar
120g	Milk Couverture Claire 33% (Carma)
4g	Gelatine Leaves
300g	Cream 35% (Emmi)

Beat eggs with sugar (warm), add melted Couverture and dissolved gelatine. Fold in the whipped cream and spread the mousse onto the brownie after it has cooled down, refrigerate.

APPLE JELLY

300g	Apple puree
50g	Sugar
1 pcs.	Vanilla bean
4g	Gelatine Leaves

Slightly heat apple puree, sugar and vanilla bean, add soaked gelatine and spread the mixture onto the mousse, refrigerate and cut out circles (5 cm).

SOUR CREAME ICE CREAM

160g	Yolk
200g	Sugar
300g	Sour cream (Emmi)
	lime juice/zest

Lightly whip yolk and sugar, add sour cream, juice and zest of lime. Freeze mixture in the ice maker or Pacojet. Pipe the ice cream in Flexipan Savarin rings (5 cm) and freeze again.
Remove the molds and spray with yellow and red cocoa butter. Garnish and serve with apple cubes.

Recipe for approx. 15 portions

STRAWBERRY

QUARK, PASSION FRUIT

PASSION FRUIT SPONGE

100g	Butter
110g	Icing sugar
125g	Eggs
75g	Passion fruit juice
1 Piece	Vanilla bean
150g	Flour
90g	Almonds ground
7g	Baking powder
1 Piece	Long pepper
	Salt

Lightly cream the butter and the icing sugar. Slowly mix the eggs and the passion fruit juice into the mixture. Rapidly stir in the remaining ingredients. Fill into a frame of 17 cm * 24 cm and bake in convection oven at 180°C for around 10 minutes.

PASSION FRUIT SYRUP

80g	Passion fruit juice
25g	Sugar
1 Piece	Long Pepper

Bring to boil the passion fruit juice with the sugar and slowly add ground long pepper. Soak the cold sponge with the syrup.

QUARK MOUSSE

250g	Quark (Emmi) (curd cheese)
1 Piece	Vanilla bean
80g	Passion fruit juice
12g	Gelatine Leaves
500g	Cream 35% (Emmi)
100g	Egg whites
140g	Sugar

Mix the Quark with vanilla and passion fruit juice. Stir in the soaked, diluted gelatine and fold in the whipped cream. Beat the egg whites with sugar until stiff and fold into the mixture as well. Distribute the mousse on the sponge and freeze.

STRAWBERRY RASPBERRY JELLY

125g	Raspberry puree
125g	Strawberry puree
35g	Sugar
6g	Gelatine Leaves

Lightly warm the raspberry puree, strawberry puree and sugar and dilute the soaked gelatine in the mixture. Pour the jelly onto the frozen mousse. Cut out circles of Ø 5 cm

STRAWBERRY ICE CREAM

200g	Milk
110g	Sugar
1 Piece	Vanilla bean
50g	Yolk
200g	Cream 35% (Emmi)
200g	Strawberry puree
20g	Grand Marnier Extract 50% Vol. (Lateltin)

Bring to boil milk, vanilla and sugar. Mix a small amount of the hot liquid with the yolk and add it to the mixture again. Heat up the mixture to 85°C and strain through a sieve. Add the remaining ingredients and refrigerate for 12 hours. Use the ice maker or the Pacojet.

EGG WHITE MERINGUE HOODS

100g	Sugar
100g	Egg whites
100g	Sugar

Beat egg whites with a little bit of sugar until stiff, add the remaining sugar and pipe small drops on a Silpat mat. Allow to dry at 50°C.

Recipe for approx. 12 portions

PEACH
AMARETTI

SPONGE

150g	Eggs
100g	Carmaretti (Carma)
20g	Flour
10g	Starch flour
20g	Butter

Lightly cream the eggs with the Carmaretti. Fold in flour and starch and add the melted butter. Distribute the mixture on a baking paper or a baking mat 50 cm * 30 cm and bake in the convection oven at 180°C for around 8 min.

PEACH MOUSSE

300g	Peach puree
6g	Gelatine Leaves
200g	Cream 35% (Emmi)
50g	Egg whites
40g	Sugar

Mix the peach puree with the diluted gelatine and fold in the whipped cream. Beat the egg whites with sugar until stiff and fold into the mixture as well. Quickly fill the mousse into Flexipan rings of Ø 18 cm and put into the freezer. Spray with yellow and red cocoa butter.

PEACHE COMPOTE

6 Pieces	Fresh Peaches
	Vanilla
	Brilliant-Gel (Carma)

Cut fresh peaches into dices and mix with a small amount of vanilla and Brilliant Gel.

Recipe for approx. 20 portions

GRAPEFRUIT
APPLE, CELERY

CRISPY CASE

90g	White Couverture Ivoire 35% (Carma)
30g	Cocoa butter (Carma)
160g	Caramelized puffed rice
1 Piece	Lime zest
	Fleur de Sel

Melt white couverture with cocoa butter, then add puffed rice and the zest of a fresh lime with a small amount of Fleur de Sel. Spread the mixture about 5 mm thick on a baking paper. Refrigerate, until the couverture solidifies. Cut into pieces of 3 cm * 8 cm.

GRAPEFRUIT MOUSSE

500g	Grapefruit juice
16g	Gelatine Leaves
100g	Yolk
125g	Sugar
250g	Cream 35% (Emmi)

Mix the grapefruit juice with the dissolved gelatine. Lightly warm up yolk and sugar while constantly beating until creamy, mix into the grapefruit mixture and quickly fold in the whipped cream. Fill the mousse into two plastic tubes covered with cling film (50 cm * Ø 3 cm) and put into the freezer. Cut into pieces of 5 cm in length and spray with lightly pink colored cocoa butter.

APPLE LEMONGRASS SORBET

85g	Sugar
30g	Glucose
1g	Stabilizer
90g	Water
2 Piece	Lemon grass
250g	Green apple
5g	Celery (leafs)

Bring to boil the sugar, glucose, stabilizer and water. Add the lemon grass and refrigerate for 12 hours. Remove the lemon grass, cut the fresh apple into dices and fill into a Pacojet beaker together with celery leafs. Pour the syrup over the apples and freeze.

LIGHTLY CANDIED CELERY

200g	Water
120g	Sugar
200g	Celery

Peel the celery and cut it into small pieces. Bring the water with sugar to a boil, add the celery. Allow to cool down and serve with fresh grapefruit filets.

Recipe for approx. 12 portions

COFFEE

LEMON, RAISINS

LEMON SORBET

270g	Water
180g	Sugar
150g	Lemon juice

Bring to a boil the water and sugar, add lemon juice and freeze in the ice maker or Pacojet.

CHOCOLATE SPONGE

75g	Almond paste 1:1 (Carma)
60g	Sugar
50g	Yolk
25g	Eggs
25g	Flour
25g	Cocoa powder (Carma)
50g	Dark Couverture Bourbon 50% (Carma)
30g	Butter
75g	Egg whites
30g	Sugar
30g	Raisins
30g	Rum Legendario Dorado 5Y 38% Vol. (Lateltin)

Whip almond paste, sugar, yolk and eggs until creamy. Mix in flour, cocoa powder and chopped couverture. To finish, whip the egg whites with the sugar and fold into the mixture. Spread in a frame of 17 cm * 24 cm and sprinkle with soaked raisins.
Bake in convection oven at 180°C for approx. 15 minutes.

COFFEE CREAM

250g	Cream 35% (Emmi)
30g	Coffee beans
1 Piece	Vanilla bean
70g	Sugar
100g	Yolk
6g	Gelatine Leaves

Bring to a boil the cream and the chopped coffee beans, let set for around 24 hours. Pour the coffee-cream through a sieve, mix the cream mixture with the remaining ingredients and warm up to 85°C. Add the gelatine, allow to cool down and pour onto the sponge, put into the freezer. Cut into pieces of 3.5 cm * 8 cm.

QUARK SAUCE

150g	Cream quark (Emmi)
30g	Sugar

Mix the cream quark with the sugar and spread on a plate using a comb, decorate.

Recipe for approx. 12 portions

CARROT

ORANGE, NUT

CARROT SPONGE

60g	Yolk
50g	Sugar
220g	Hazelnuts, ground
40g	Flour
300g	Carrots grated
1 Pieces	Lemon juice/zest
5g	Baking powder
90g	Egg whites
100g	Sugar

Lightly cream the yolk and the sugar. Mix in the ground hazelnuts, flour, grated carrots, lemon juice, zest and the baking powder. Whisk egg whites with sugar until stiff and fold into the mixture. Spread the mixture in a frame 34 cm * 24 cm, bake in convection oven at 170°C for 15 min.

CARROT-ORANGE SORBET

90g	Carrot
200g	Orange juice
1 Pieces	Vanilla bean
40g	Sugar

Let the carrots simmer with the orange juice, vanilla and the sugar.
Mix with a mixer and freeze in the ice maker or in the Pacojet.

NUT CREAME

40g	Milk
20g	Yolk
60g	Praline 1:1 dark (Carma)
180g	Dark Couverture Bourbon 50% (Carma)
4g	Gelatine Leaves
240g	Cream 35% (Emmi)

Heat up milk and yolk to 85°C, stir in dark praline 1:1 and melted couverture. Add the diluted gelatine and carefully fold in the whipped cream. Distribute the mousse on the sponge and freeze. Cut out circles of Ø 6.5 cm.

ORANGE COMPOTE

6 Pieces	Oranges
60g	Sugar
2 Pieces	Vanilla bean
18g	Pectin

Filet the oranges. Bring to a boil the juice, sugar, vanilla bean and pectin. Add the orange filets and put into the fridge.

OBLATES

100g	Passion fruit juice
20g	Sugar
15g	Egg whites

Shortly mix passion fruit juice with sugar and egg whites. Spread a very thin layer on a baking mat and allow to dry in the convection oven at 100°C for around 30 min. Tip: Can also be prepared with other fruit.

Recipe for approx. 18 portions

THE WORLD'S BEST CHOCOLATE DESSERT
CHOCOLATE, GINGER, PEAR

PEAR SORBET
75g Sugar
100g Water
250g Pears puree
10g Williams (Lateltin)

Bring to a boil sugar and water, add pear puree and Williams, freeze in the ice maker or in the Pacojet.

CRISPY CASE
40g Butter
160g Couverture milk chocolate Claire 33%(Carma)
360g Praline 1:1 milk (Carma)
80g Pailleté Feuilletine (Cacao-Barry)
60g Hazelnuts, chopped/roasted
40g Coffee beans roughly chopped
Orange zest

Melt butter and couverture, rapidly mix in the remaining ingredients. Roll out the mixture between 2 silicon papers to a thin layer of around 3 mm. Place into the fridge, cover with a thin layer of dark melted couverture. Invert and immediately cut into pieces of 4 cm * 4 cm.

NUT CREAM
50g Milk
10g Sugar
15g Yolk
7g Starch flour
50g Praline 1:1 light (Carma)
1g Gelatine Leaves
165g Cream 35% (Emmi)

Cook a cream from milk, yolk, sugar and starch flour. Add Praline and mix in the soaked gelatine, allow to cool down to around 25°C. Finally fold in the whipped cream. Spread 1 cm thick into a frame, freeze and cut into pieces of 2.5 cm * 2.5 cm.

COCOLATE CREAME
75g Eggs
30g Sugar
110g Couverture Madagascar 64% Original Rare (Carma)
4g Gelatine Leaves
300g Cream 35% (Emmi)

Beat sugar and eggs (warm/cold). Melt the couverture and stir in. Add the diluted gelatine. Fold in the whipped cream and fill the mousse into Flexipan cubes of 3.5 cm * 3.5 cm. Press in the nut cream and smoothen. Freeze and spray with red cocoa butter color. Put the mousse cubes onto the crispy case.

BROWNIE
90g Butter
100g Sugar
50g Couverture Madagascar Original Rare 64% (Carma)
60g Eggs
40g Walnuts, chopped
40g Flour
5g Fresh Ginger
15g candied ginger

Lightly beat butter and icing sugar until creamy. Stir in melted couverture Madagascar Original Rare. Gradually add eggs and mix in the remaining ingredients quickly. Distribute the mixture in Flexipan molds of 4 cm Ø and bake in convection oven at 165°C for approx. 15 minutes.

KUMQUAT RAGOUT
160g Kumquats
100g Sugar
200g Water
1/4 pcs. Vanilla bean
3g Pectin
20g Grand Marnier Extrait 50%Vol. (Lateltin)
10g Pistachios chopped

Cut the kumquats into halves, take out the core and blanche in hot water. Allow to drip off and let them simmer slowly with the remaining ingredients until they are soft.

PEAR RAGOUT
2 Pieces Pears
100g White wine (Lateltin)
50g Sugar
1 Piece Vanilla bean

Peel the pears, cut them into small dices and let them simmer with the rest of the ingredients until soft. Distribute into glasses and place the brownie on top.

PEAR FOAM
250g Pear juice
2g Lecithin powder

Just before serving, warm them up in the microwave oven and foam with a hand blender.

Recipe for approx. 18 portions

CASSIS CREAM

CHOCOLATE, APROCOT

CASSIS CREAM

60g Cream 35% (Emmi)
40g Cassis puree
5g Cassis de Bourgogne Simon Ainé 15%Vol. (Lateltin)
15g Yolk
2g Gelatine Leaves
80g Cream 35% (Emmi)
35g Egg whites
35g Sugar

Whisk cream, cassis puree, Cassis and yolk over a water bath until thickened (85°C). Strain through a sieve, let cool down. Mix the diluted gelatine, whipped cream and, to finish, the beaten egg whites into the cold mixture. Fill into Flexipan half spheres of Ø 3.5 cm and freeze.

CHOCOLATE MOUSSE

130g Cream 35% (Emmi)
200g White Couverture Ivoire 35% (Carma)
30g Brittle
4g Gelatine Leaves
250g Cream 35% (whipped)

Bring to a boil the cream, take pot off the heat and add couverture. Melt and quickly homogenize with the mixer. Allow to cool down to 35°C, quickly fold in whipped cream. Fill into a frame of 17 cm * 24 cm and put into the freezer.

CHOCOLATE SPONGE

150g Couverture Madagascar Original Rare 64% (Carma)
30g Butter
40g Yolk
120g Egg whites
40g Sugar

Melt couverture and butter, stir in yolk. Whisk egg whites with sugar until stiff and fold quickly into the chocolate mixture. Distribute the mass approx. 1 cm thick on a baking paper and bake in convection oven for 12 min. at 170°C.

CASSIS GLAZE

160g Cream 35% (Emmi)
200g Cassis puree
70g Glucose
140g White Couverture Ivoire 35% (Carma)
10g Gelatine Leaves

Bring to boil the cream, cassis puree and glucose. Pour the hot liquid onto the solid white couverture. Add soaked gelatine and homogenize avoiding air bubbles. Working temperature: approx. 30°C
Glaze the frozen cassis spheres with the coating and place onto the chocolate mousse. Decorate.

SUGAR CRUSTED APRICOT

250g Sugar
120g Water
100g Le Vieil Apricot des Trois Rois 40%Vol. (Lateltin)

Heat sugar and water to 118°C. Stir in the Apricot Brandy and the yellow food coloring with an whisk. Fill the mixture into the prepared warm frame. Allow to crystallize for 4 - 6 hours. remove the powder and spray with yellow cocoa butter color.
Tip: Use an whisk for stirring which helps to form crystals and accelerates the formation of a crust.

APRICOT COMPOTE

30g Sugar
100g Water
15g Amaretto DelFino (Lateltin)
1 Piece Vanilla bean
Starch
6 Pieces Apricots
Pistachios, chopped

Bring to a boil sugar, water, Amaretto and the vanilla bean, lightly thicken with a small amount of starch. Cut fresh apricots into eight pieces each. Add the apricots pieces, allow to carefully simmer with the lid on. Mix in the chopped pistachios.

Recipe for approx. 6 portions

CHOCOLATE MOUSSE

CHERRY JELLY, YOGHURT BASIL ICE CREAM

PISTACCHIO SPONGE

30g Almond paste 1:1 (Carma)
20g Pistachio paste
15g Yolk
10g Eggs
10g Butter
10g Starch
25g Egg whites
10g Sugar

Beat almond and pistachio paste with yolks and eggs until creamy. Stir in melted butter and starch flour. Whisk egg whites with sugar until stiff and carefully fold into the mixture. Distribute the mixture in a frame of 17 cm * 24 cm and bake in convection oven at 180°C for around 9 minutes.

CHOCOLATE MOUSSE

250g Cream 35% (Emmi)
230g Couverture Madagascar Original Rare 64% (Carma)
250g Cream 35% (whipped)

Bring to a boil the cream and pour to the solid Madagascar Couverture. Stir the chocolate until melt and then homogenize it with a mixer. Allow the ganache to cool to 40°C, fold in whipped cream. Directly spread the mousse onto the sponge and freeze.

CHERRY JELLY

200g Cherry puree
70g Sugar
5g Balsamico
6g Gelatine Leaves

Lightly warm cherry puree with sugar, add balsamico and soaked gelatine. Fill in a mold lined with cling film around 5 mm of height, place in the fridge and cut into pieces of 2 cm * 5 cm.

SESAM BRITTEL

15g Milk
30g Butter
15g Glukose
45g Sugar
7g Pectin
22g Sesame seeds black
22g Sesame seeds white

Boil milk, butter, glucose and sugar to 106°C. Mix pectin with sesame seeds, add to the mixture and bring to boil shortly. Thinly roll out the hot mixture between two layers of baking paper. Take off the upper paper (if it sticks place into the fridge for some minutes) and bake in the convection oven at 170°C for around 15 minutes until golden. Cut into pieces of 5 cm * 5 cm when still warm and protect from humidity.

YOGURT BASIL ICE CREAM

80g Yolk
100g Sugar
250g Yogurt (Emmi)
some lime juice/zest
9g fresh basil

Lightly cream the yolk and the sugar. Stir in the remaining ingredients and freeze in the ice maker. Cut basil leaves into fine slices and mix with the frozen ice cream. You can also prepare the ice cream in the Pacojet.

CHERRY SAUCE

250g Cherry puree
100g Brillant-Gel (Carma)
10g Kirsch (Lateltin)

Mix all ingredients.

Recipe for approx. 12 portions

CHOCOLATE MOUSSE

ANISE, CASSIS

SORBET

185g	Water
120g	Sugar
250g	Cassis puree

Boil water and sugar, add cassis puree and freeze in the ice maker or prepare in the Pacojet.

CHOCOLATE SPONGE

75g	Couverture Madagascar Original Rare 64% (Carma)
17g	Butter
15g	Yolk
75g	Egg whites
20g	Sugar
6g	Anise seeds

Melt couverture and butter, stir in yolk. Whisk egg whites with sugar until stiff and fold quickly into the chocolate mixture. Distribute on a mat or baking paper (1 cm), sprinkle with anise seeds and bake in convection oven at 160°C for approx. 11 min.
Cut into rectangles of 4 cm * 9 cm.

CHOCOLATE MOUSSE

130g	Cream 35% (Emmi)
200g	White Couverture Ivoire 35% (Carma)
4g	Gelatine Leaves
250g	Cream 35% (whipped)

Bring to a boil the cream, take pot off the heat and add couverture. Melt and quickly homogenize with the mixer. Allow to cool down to 35°C, quickly fold in whipped cream. Fill the mousse into silicon molds of 3 cm * 3 cm * 50 cm and freeze. Cut into pieces of 8 cm length and spray with white cocoa butter.

CASSIS SAUCE

200g	Cassis puree
50g	Brillant-Gel (Carma)
	Vanilla bean

Mix cassis puree, Brillant-Gel and vanilla.

Recipe for approx. 12 portions

KALAMANSI CREAM

CHAMPAGNE, PEPPERMINT, COCONUT

LAYERED CAKE

65g	Butter
12g	Rum
15g	Almond paste 1:1 (Carma)
80g	Yolk
30g	Sugar
100g	Egg whites
30g	Sugar
50g	Flour
25g	Starch flour

Mix butter, rum, almond paste, yolk and sugar until smooth. Whisk egg whites with sugar until stiff and fold into the mixture. Sift in the flour and the starch flour and carefully fold into the mixture as well.
Distribute small amount (2 mm thick) in a tin laid out with backing paper and bake under the oven grill until golden. Place the 2nd layer and repeat until the whole mixture is used. When cooled down, cut the cake into slices of 5 mm and place them into a mold (17 cm * 24 cm).

KALAMANSI CREAM

150g	Sugar
100g	Kalamansi juice
100g	Butter
200g	Eggs
4g	Gelatine Leaves

Bring to a boil sugar, kalamansi juice and butter. Quickly mix in the eggs and bring to a boil again. Strain the hot mixture through a sieve, add soaked gelatine. Allow to cool a bit and distribute on the layer cake, freeze and cut into pieces of 3.5 cm * 7 cm. Before serving, caramelize with brown sugar.

CHAMPAGNE MINT SPOOM

10g	Sugar
125g	Champagne
	Lemon/Orange zest
125g	Champagne
20g	Egg whites
20g	Sugar
2 Leaves	Fresh peppermint

Shortly boil sugar, champagne and some finely chopped lemon/orange zest. Add remaining champagne and freeze in the ice maker. Shortly before serving, whisk whites of egg with sugar and mix it into the ice cream. Quickly stir in finely chopped peppermint.
Can only be served in glasses and must be served quickly.

FRITED CHOCOLATE TRUFFELS

20g	Batida de Coco
40g	Milk
30g	Butter
100g	Couverture Madagascar Original Rare 64% (Carma)
10g	Yolk

Boil Batida de Coco, milk and butter. Add couverture and let it melt. Stir in yolk and quickly homogenize with a mixer, allow to cool down and fill into white chocolate spheres. Cover with tempered couverture and freeze.

BATTER

100g	Flour
70g	Sugar
150g	Milk
30g	Eggs

Mix all ingredients and refrigerate for around 30 minutes. Roll the frozen spheres into flour and then into the batter and then roll into coconut flakes. Fry the frozen spheres in hot grease until golden.

Page 36

Recipe for approx. 18 portions

PUMPERNICKEL PARFAIT

BLACK CHERRIES, ALMOND, CHILI

CHILI ALMOND TUILE

50g	Egg whites
120g	Icing sugar
120g	Almonds ground
30g	Flour
0.5g	Chili powder

Stir egg whites with icing sugar, add remaining ingredients and mix well. Thinly roll out the mixture between two layers of baking paper, take off the upper layer. Bake in convection oven at 170°C for approx. 12 minutes.

PARFAIT

40g	Yolk
50g	Sugar
1 Piece	Vanilla bean
10g	Kirsch 40%Vol. (Lateltin)
50g	Pumpernickel
100g	Black cherry puree
180g	Cream 35% (Emmi)

Beat yolk and sugar with vanilla (warm/cold). Mix Kirsch with pumpernickel and make a crumble. Carefully stir pumpernickel crumble and cherry puree into the egg/sugar mixture, fold in whipped cream.
Fill the parfait into Flexipan half spheres of ø 4 cm and freeze. Put together 2 half spheres and spray with red cocoa butter. Place into a thin couverture half sphere.

Page 38

Recipe for approx. 30 portions

QIMIQ-RASPBERRY

PISTACHIOS

PISTACHIO SPONGE

60g	Pistachio paste
125g	Yolk
50g	Sugar
125g	Egg whites
75g	Sugar
100g	Flour

Lightly cream the pistachio paste with yolk and sugar. Whip egg whites with sugar until stiff, fold into the yolk-pistachio paste mixture, carefully mix in the flour. Spread on a baking mat or baking paper of 60 cm * 40 cm and bake in the convection oven at 180°C for around 7 min. Allow to cool down, Cut out circles of Ø 4 cm and put into rings of Ø 5.5 cm. Cut the remaining sponge into slices of 2.5 cm in width. They will be laid around the frozen mousse later.

QIMIQ-RASPBERRY MOUSSE

750g	QimiQ Wip, cooled (Emmi)
360g	Raspberry puree
30g	Lemon juice
150g	Sugar
60g	Raspberry brandy 40%Vol. (Lateltin)

Mix cold QuimiQ-Wip with the remaining ingredients and beat until reaching the desired volume. Pipe the mousse into the rings previously prepared and smoothen. Freeze.
Lay the sponge slices around the frozen mousse. Decorate.

Page 40

Recipe for approx. 30 portions

RASPBERRIES

BUTTER CRUMBLE

100g	Butter
100g	Sugar
20g	Almonds ground
180g	Flour
	Vanilla, Salt, Lemon zest

Lightly beat butter and sugar. Stir in the remaining ingredients and distribute small crumbles on a baking paper. Bake in convection oven at 180°C for approx. 10 minutes.

RASPBERRY CREAM

230g	Raspberry puree
60g	Sugar
3g	Cream powder
30g	Cocoa butter Mycryo (Cocoa Barry)
20g	Raspberry brandy 40%Vol.
200g	Cream 35% (Emmi)

Bring to a boil the raspberry puree, sugar and cream powder. Stir in the cocoa butter and allow to cool down to 25°C. Fold in whipped cream and fill 2/3 full into glasses.

Recipe for approx. 30 portions

TARRAGON MOUSSE

APRICOT, ALMOND, CHOCOLATE

ALMOND SPONGE

100g	Eggs
60g	Sugar
100g	Almonds ground
20g	Flour
50g	Egg whites
14g	Sugar

Beat eggs and sugar, mix almonds and flour, add to the mixture. Beat the egg whites with sugar until stiff and fold into the mixture as well.
Distribute (approx. 5 mm) on a mat or baking paper. Bake in convection oven at 170°C for approx. 10 minutes.

CHOCOLATE MOUSSE

130g	Cream 35% (Emmi)
240g	White Couverture Ivoire 35% (Carma)
40g	Almond Brittle
4g	Gelatine Leaves
240g	Cream 35% (Emmi)

Bring to a boil the cream. Take pot off the heat and add couverture. Allow to cool down to 35°C and carefully stir in the brittle and whipped cream. Fill the mousse into Flexipan half spheres of ø 4 cm and freeze. Spray half spheres with yellow and red cocoa butter.

TARRAGON CREAM

250g	Milk
80g	Sugar
20g	Fresh tarragon
100g	Yolk
8g	Gelatine Leaves
220g	Cream 35% (Emmi)

Mix milk, sugar and fresh tarragon. Allow to steep overnight. Remove the tarragon and whisk the milk tarragon mixture with yolk and warm to 85°C. Strain through a sieve and add the soaked gelatine. Let cool down and carefully fold in the whipped cream.

APRICOT JELLY

200g	Apricot puree
15g	Sugar
4g	Gelatine Leaves
1og	Apricot Brandy Liquor (Lateltin)

Heat up the apricot puree with sugar, add gelatine and apricot brandy.

Fill the apricot jelly into glasses and allow to set. Cut out circles of the sponge, place onto the jelly and fill in the tarragon mousse. Refrigerate and cover with a half sphere of chocolate mousse. Decorate with a mint leaf and small drops of Brillant-Gel (Carma).

Recipe for approx.. 20 portions

CRUMBLE

WILD BERRIES, CARAMEL, FLEUR DE SEL

CRUBMLE

125g	Butter
60g	Brown sugar
30g	Coconut flakes
75g	Flour
20g	Oat flakes
600g	Wild berries (frozen)
20g	Starch

Quickly mix butter, brown sugar, coconut flakes, flour and oak flakes. Distribute crumbles on a tray and refrigerate. Mix the frozen berries with starch and distribute in glasses, sprinkle with the crumble.
Bake in convection oven at 170°C for approx. 15 minutes.

CARAMEL FLEUR DE SEL SAUCE

100g	Sugar
500g	Milk
1 Pieces	Vanilla bean
3g	Fleur de Sel
250g	Cream 35% (Emmi)
100g	Yolk

Boil sugar, milk, vanilla bean, fleur de sel and cream. Mix a little bit of the hot mixture with yolk and pour back into the pot. Heat up to 85°C. Strain the hot mixture through a sieve and beat until creamy using a mixer.

Page 46

Recipe for approx. 30 portions

GREEN TEA
SOUR CHERRIES (GRIOTTES)

GREEN TEA CREAM

400g	Milk
160g	Yolk
240g	Sugar
60g	Cream powder
8g	Gelatine Leaves
8g	Green tea powder
1000g	Cream 35% (Emmi)

Cook a cream from milk, yolk, sugar and cream powder. Add the gelatine and the green tea powder. Allow to cool to 35°C and fold in whipped cream.
Fill into silicone half spheres of ø 4.5 cm and freeze.
Fix the frozen spheres onto a styrofoam plate using a toothpick, spray with green and white cocoa butter.

SOUR CHERRY COMPOTE

300g	Cherry puree
90g	Bergamotte juice
60g	Sugar
18g	Pectin
60g	Sugar
240	Brandied sour cherries

Bring to a boil the cherry puree, bergamot juice and sugar. Mix the pectin with sugar and add it to the fruit puree. Bring to boil and mix in the soaked cherries, refrigerate.

GREEN TEA SPONGE

540g	Egg whites
90g	Yolk
180g	Sugar
90g	Flour
30g	Starch flour
6g	Green tea powder

Mix the egg whites, yolk, sugar, flour, starch and green tea powder with a hand blender. Fill into a iSi-Siphon and gasify with two N2O chargers. Fill up small plastic cups to the half and ‚bake' in the microwave oven at 400 Watts for around 30 seconds. Allow to cool down and tear into small pieces. Fill into glasses. Sprinkle with some cherries and cover with sprayed green tea mousse. Decorate.

Page 48

Recipe for approx. 20 portions

CHOCOLATE PUDDING
LEMON, ORANGE, GINGER

CITRUS COMPOTE

4 Pieces	Oranges
4 Pieces	Lemons
	Zest of lemons/oranges
3 Pieces	Vanilla bean
15g	Pectin
120g	Sugar
12g	Ginger

Filet oranges and lemons. Bring to a boil the juice with zests and the vanilla bean. Mix pectin with sugar and add to the hot liquid, allow to boil for some minutes. Mix in finely ground ginger and distribute into glasses.

CHOCOLATE PUDDING

220g	Dark Couverture Bourbon 50% (Carma)
220g	Butter
300g	Sugar
450g	Eggs
120g	Flour

Melt couverture and butter., add the sugar. Slowly mix in the eggs, and finally the flour. Pipe the mixture onto the citrus compote and bake in a convection oven at 170°C for around 18 minutes.

Page 50

Recipe for approx. 15 portions

LEMON

LEMON CREAM

200g	Sugar
200g	Lemon juice
80g	Butter
160g	Eggs

Bring to a boil the sugar and the lemon juice, butter and eggs. Homogenize the cream, remove 400g and put the rest of the cream in the refrigerator for decoration.

LEMON CREAM

400g	Lemon cream
8g	Gelatine Leaves
200g	Cream 35% (Emmi)

Mix the hot lemon cream and the soaked gelatine. Allow to cool down a little bit and fold in the whipped cream. Fill the cream in plastic tubes of ø 3 cm and freeze. Take the frozen cream out of the tubes and cut into pieces of 6 cm length.

Recipe for approx. 30 portions

MANGO CARIBIC

MANGO, COCONUT, CHOCOLATE

CHOCOLATE MOUSSE

90g	Sugar
300g	Eggs
460g	Couverture Madagascar Original Rare 64% (Carma)
4g	Gelatine Leaves
1200g	Cream 35% (Emmi)

Beat sugar and eggs (warm/cold). Stir in the melted couverture (approx. 45°C) and gelatine. To finish, fold in whipped cream and fill into glasses approx. 2/3 full.

MANGO COMPOTE

600g	Mango puree
150g	Brillant-Gel (Carma)
	some lemon juice
1 Piece	Vanilla bean
1200g	fresh Thai mango

Mix mango puree with Brillant-Gel, lemon juice and scraped out vanilla. Peel the fresh mango and cut into small dices of 5 mm * 5 mm. Mix thoroughly and distribute on the chocolate mousse before serving.

COCONUT SPAGHETTI

120g	Coconut puree
80g	Flour
80g	Starch flour
80g	Egg whites
40g	Sugar

Mix all ingredients and place into the fridge for at least 30 min. Fill the mixture into a piping bag, squeeze into hot fat and fry until golden, powder with icing sugar and serve.

Recipe for approx. 30 portions

WARM CHOCOLATE CAKE

LIQUID CENTER

CHOCOLATE MASS

90g	Couverture Madagascar Original Rare 64% (Carma)
100g	Butter
120g	Sugar
150g	Eggs
40g	Flour

Melt couverture and butter., add the sugar. Slowly mix in the eggs, and finally the flour. Fill into glasses approx. 2/3 full.
Refrigerate for at least 1 hour.
Bake in convection oven at 170°C for 10-12 minutest, serve immediately.
Please note: The baking time may vary with the size of the glass, risking that the center is not liquid.

Recipe for approx. 15 portions

PEAR-SAFFRON

CHOCOLATE, ALMONDS

PEAR SAFFRON JELLY

120g	Sugar
150g	White wine (Lateltin)
1 Pieces	Vanilla bean
5 Pieces	Pears
100g	Pear puree
20g	Williams Berghof 40%Vol. (Lateltin)
4g	Gelatine Leaves
0.5g	Saffron

Caramelize sugar and deglaze with white wine. Add the saffron, vanilla bean and the pears cut into fine slices and simmer until soft. Pour the stock through a sieve and mix it with the pear puree, reduce to 130g. Mix in the Williams, soaked gelatine and the pear slices. Distribute the jelly on a Flexipan mat of 17 cm * 24 cm, freeze.

SPONGE

120g	Eggs
50g	Sugar
75g	Flour
30g	Almonds ground
25g	Butter

Beat the eggs (warm/cold). Fold in the flour, ground almonds and the melted butter. Distribute in a frame of 17 cm * 24 cm. Bake in convection oven at 180°C for approx. 10 minutes.

CHOCOLATE MOUSSE

40g	Yolk
30g	Sugar
180g	Milk Couverture Claire 33% (Carma)
6g	Gelatine Leaves
300g	Cream 35% (Emmi)

Beat sugar and eggs (warm/cold). Melt the couverture and stir in. Melt soaked gelatine and stir in, too. To finish, carefully fold in the whipped cream. Distribute a small amount of mousse on the sponge, place frozen pear saffron jelly on it and cover with the remaining mousse. Freeze in a frame and cut into pieces of 4.5 cm * 4.5 cm. Cover with glaze.

GLAZE

100g	Water
180g	Sugar
125g	Cream 35% (Emmi)
60g	Cocoa powder (Carma)
150g	Dark Couverture Bourbon 50% (Carma)
100g	Coconut fat
9g	Gelatine Leaves
	some bronze powder

Bring to a boil water, sugar and cream. Add the remaining ingredients and homogenize for 3 minutes avoiding air bubbles. Working temperature: approx. 30°C.

CHOCOLATE PLATES FOR DECO-

60 Pieces lateral plates: 5.5 cm * 5.5 cm
15 Pieces bottom plates: 6cm + 6cm
Round cutters: 2.5 cm, 1.5cm, 0.5cm
Spray with yellow and red cocoa butter color when still frozen

Page 60

Recipe for approx. 60 portions

PEARQ

QIMIQ NATURE

SUGAR PASTRY

800g	Butter
350g	Sugar
200g	Yolk
1000g	Almond paste 1:1 (Carma)
1200g	Flour
	Salt

Lightly cream the butter and the sugar. Add the yolks one by one and quickly knead the dough with the remaining ingredients. Shape into 6 tarte rings of 9.5 cm Ø. Bake in convection oven at 180 °C for approx. 20 minutes.

PEAR MOUSSE

1000g	QimiQ Classic Nature (Emmi)
400g	Sugar
200g	Williams 40%Vol. (Lateltin)

Lightly cream up QuimQ with sugar and Williams. Fill the cream halfway into the tartlettes. To finish, pour on the jelly, place into the freezer for some minutes, top with cream.

PEAR JELLY

3000g	Pear puree
200g	Lemon juice
100g	Instant gel powder (Sosa)

Quickly mix the pear puree, lemon juice and Instant gel powder with a hand blender.

Page 62

Recipe for approx. 15 portions

NOUGATS MOUSSE

MACADAMIA NUTS, BLOOD ORANGES

SPONGE

60g	Almond paste1:1 (Carma)
80g	Sugar
60g	Yolk
50g	Butter
40g	Flour
20g	Starch
50g	Egg whites
60g	Sugar
60g	Macadamia nuts chopped

Beat almond paste with yolk, melt butter, and stir in. Whisk sugar and egg whites until stiff. Stir the flour and the starch in the yolk mixture, fold in beaten egg whites and the chopped macadamia nuts to finish. Distribute the mixture on a baking paper 7 mm thick. Bake in convection oven at 180°C for approx. 10 minutes.

BLOOD ORANGE JELLY

150g	Blood orange juice
40g	Sugar
4g	Gelatine Leaves

Lightly warm the blood orange juice with the sugar and add the soaked gelatine. Pour into Flexipan mats of 4 cm Ø and allow to freeze.

NOUGATMOUSSE

20g	Macadamia syrup
40g	Yolk
120g	Praline 1:1 dark (Carma)
360g	Dark Couverture Bourbon 50% (Carma)
8g	Gelatine Leaves
480g	Cream 35% (Emmi)

Whip the macadamia syrup with the yolk (warm/cold), stir in Praline 1:1 dark and melted couverture. Add the diluted gelatine, mix well and fold in the whipped cream. Fill the mousse into Flexipan half-spheres of 6 cm Ø until 2/3 full, press in the frozen jelly and fill in mousse again. Cover with sponge cut outs and freeze.

BLOOD ORAGNEG GLAZE

240g	Cream 35% (Emmi)
300g	Blood orange juice
300g	Sugar
100g	Glucose
200g	White Couverture Ivoire 35% (Carma)
12g	Gelatine Leaves
	yellow, red food coloring

Bring to a boil the cream, blood orange juice, sugar and glucose. Add the couverture and soaked gelatine, mix to homogenise without air bubbles. Working temperature: approx. 30°C. Always glaze the products when frozen.

Page 64

Recipe for approx. 15 portions

WILD STRAWBERRIES PUMPKIN SEEDS
CHOCOLATE

PUMPKIN SPONGE

200g	Eggs
240g	Almond paste1:1 (Carma)
20g	Flour
20g	Starch
80g	Butter
120g	Pumpkin seeds chopped

Beat the eggs with the almond paste. Carefully stir in flour, starch, melted butter and chopped pumpkin seeds. Distribute the sponge on a baking paper or baking mat of 60 cm * 40 cm. Bake in convection oven at 180°C for approx. 10 minutes.

WILD STRAWBERRY JELLY

100g	Wild strawberry puree
5g	Lemon juice
10g	Sugar
10g	Instant Gel (Sosa)

Mix all ingredients briefly with a hand blender and fill into Flexipan mats of Ø 4 cm. Freeze.

CHOCOLATE MOUSSE

30g	Sugar
90g	Eggs
180g	White Couverture Ivoire 35% (Carma)
6g	Gelatine Leaves
450g	Cream 35% (Emmi)

Beat the sugar and the eggs (warm/cold). Melt the couverture and stir in. Melt the soaked gelatine and add it to the mixture. To finish, carefully fold in the whipped cream. Fill some mousse into silicon half-spheres of Ø 4 cm and press in the jelly. Cover with a small amount of mousse and press in the pumpkin seed genoise circles. Place the 2nd half sphere onto it and fill with the mousse. Freeze.

DECORATION

Spray with yellow and red cocoa butter color when frozen. Decorate.

Page 66

Recipe for approx. 20 portions

SOUR CREAM MOUSSE
KIWI

SPONGE

100g	Eggs
60g	Almond paste 1:1 (Carma)
40g	Butter
10g	Flour
10g	Starch flour

Beat eggs with almond paste. Stir in melted butter with flour and starch flour. Spread the mixture in a thin layer (5 mm) on a backing paper. Bake in convection oven at 180°C for approx. 9 minutes.

SOUR CREAM MOUSSE

200g	Sour cream (Emmi)
20g	Sugar
1 pcs.	Lime
5g	Gelatine Leaves
100g	Cream 35% (Emmi)
50g	Egg whites
20g	Sugar

Mix the sour cream with sugar, lemon juice and zest. Stir in the gelatine. Carefully add whipped cream. To finish, beat the egg whites with sugar until stiff and fold into the mixture. Dress the mousse on a Flexipan mat of 8.5 cm * 5.5 cm and cover with cut out sponge. Freeze and spray with white cocoa butter color.

KIWI SAUCE

50g	Kiwi puree
15g	Brilliant-Gel (Carma)

Mix all together, fill into the hollow and decorate.

Page 68

Recipe for approx. 50 portions

NUTS

CHOCOLATE, MANGO

CHOCOLATE SPONGE

150g	Couverture Madagascar Original Rare 64% (Carma)	Melt couverture and butter, stir in yolk. Whisk egg whites and sugar until stiff, fold into the chocolate mixture, spread around 1 cm thick. Bake in convection oven at 170 °C for approx. 14 minutes. When cooled down, spread with dark couverture and cut out circles of 7 cm Ø.
30g	Butter	
40g	Yolk	
120g	Egg whites	
40g	Sugar	

PRALINE MOUSSE

80g	Milk	Heat up milk and yolk to 85°C, stir in dark praline 1:1 and melted couverture. Carefully fold the whipped cream into the mixture and fill into Flexipan savarin dishes of 8 cm Ø. Top with the sponge circles. Fill the remaining mousse into plastic tubes (1.5 cm Ø) lined with plastic wrap and freeze. Spray the tubes with yellow cocoa butter and the savarins with dark cocoa butter/couverture.
40g	Yolk	
100g	Praline 1:1 dark (Carma)	
260g	Couverture Madagascar Original Rare 64% (Carma)	
400g	Cream 35% (Emmi)	

MANGO JELLY

300g	Mango puree	Lightly warm up the mango puree with sugar, add soaked gelatine and vanilla. Let the jelly cool down a little bit and pour into the praline mousse indents.
1 Pieces	Vanilla bean	
50g	Sugar	
4g	Gelatine Leaves	

EGG WHITE HOODS

100g	Egg whites	Beat egg whites and sugar until stiff. Mount plastic wrap over a dish and pipe small dots of meringue. Sprinkle with Croquant flakes (Carma) and poach some seconds in the microwave oven at 400 Watts.
200g	Sugar	

Page 70

Recipe for approx. 20 portions

CHOCOLATE TARTE

APRICOT, ROSEMARY

SHORT PASTRY

150g	Butter	Mix butter, icing sugar and salt. Slowly stir in the eggs. To finish quickly add the remaining ingredients. Roll out the short crust 34 cm * 24 cm and bake 20 min. in the convection oven at 160°C.
100g	Icing sugar	
1g	Salt	
50g	Eggs	
250g	Flour	
3g	Baking powder	

CHOCOLATE SPONGE

150g	Couverture Madagascar Original Rare 64% (Carma)	Melt the couverture with butter, stir in yolk and sugar. Whisk egg whites with sugar until stiff and fold into the mixture. Spread the mixture in a frame 34 cm * 24 cm. Bake in convection oven at 170°C for approx. 14 minutes.
30g	Butter	
40g	Yolk	
10g	Sugar	
150g	Egg whites	
40g	Sugar	

GANACHE

200g	Cream 35% (Emmi)	Bring to a boil the cream, apricot puree , sugar and glucose. Add the rosemary and allow to steep overnight. Remove the rosemary and heat the mixture to 80°C, pour over the couverture, melt and distribute over the chocolate sponge. When cooled down, cut in 11 cm * 3.5 cm pieces.
250g	Apricot puree	
80g	Butter	
20g	Glucose	
60g	Sugar	
3 Pieces	Branches of rosemary	
500g	Couverture Madagascar Original Rare 64% (Carma)	

APRICOT JELLY

300g	Apricot puree	Warm up apricot puree, lavender honey and vanilla bean and dilute the soaked gelatine. Fill into a dish lined with cling film until 1.5 cm thick. Refrigerate and cut into dices.
30g	Lavender honey	
1/2	Vanilla bean	
8g	Gelatine Leaves	

BRITTLE

100g	Butter	Bring butter, milk and glucose to 106°C. Mix pectin with sugar and stir into the hot mixture. Add cocoa nibs and roll out between 2 layers of baking paper as thinly as possible. Take off the upper layer and bake in convection oven at 160°C until golden. Immediately cut into pieces of 2 cm * 8 cm. Protect from humidity.
50g	Milk	
50g	Glucose	
100g	Sugar	
3g	Pectin	
60g	Sugar	
160g	Cocoa Nibs (Carma)	

Recipe for approx. 15 portions

MANDARIN

SCHOKOLADE

FEUILLETINE

15g	Butter
60g	Milk Couverture Claire 33% (Carma)
120g	Praline 1:1 light (Carma)
50g	Pailleté Feuilletine (Cacao-Barry)
15g	Semi-candied lemons
10g	Semi-candied oranges

Melt butter and milk couverture. Stir in the remaining ingredients and roll out (5 mm thick) between 2 layers of baking paper. Cover one side with tempered dark couverture, invert and cut out circles of 5 cm Ø.

MANDARIN CREME

20g	Butter
60g	Sugar
150g	Mandarin juice
1/2 Pcs.	Vanilla bean
50g	Eggs
8g	Gelatine Leaves
250g	Cream 35% (Emmi)

Bring to a boil butter, sugar, mandarin juice, vanilla and eggs while constantly stirring, add gelatine and let cool down a bit. Carefully add whipped cream. Fill the mousse into Flexipan half-spheres of 4.5 cm. Freeze.

MADAGASCAR MOUSSE

100g	Eggs
30g	Sugar
100g	Couverture Madagascar Original Rare 64% (Carma)
4g	Gelatine Leaves
300g	Cream 35% (Emmi)

Beat sugar and eggs (warm/cold). Stir in the melted couverture and the diluted gelatine. Rapidly fold in the whipped cream.
Place a structured sheet into the plastic tubes of 5 cm Ø and fill in the mousse.
Freeze and cut into pieces of 3 cm length.
Spray with couverture/cocoa butter and place onto the feuilletine circles, previously cut.

MANDARIN GLAZE

240g	Cream 35% (Emmi)
330g	Mandarin juice
300g	Sugar
100g	Glucose
210g	White Couverture Nuit Blanche 37.5% (Carma)
16g	Gelatine Leaves

Bring to a boil the cream, mandarin juice, sugar and glucose. Pour the hot liquid over the solid, white couverture, add soaked gelatine and homogenize for 3 minutes.
Working temperature: approx. 30°C
Distribute the coating over the frozen half-spheres of mandarin mousse and place them on the sprayed Madagascar mousse. Decorate.

Tip: Pipe tempered couverture in ice water, let drip dry and powder with gold powder.

Recipe for approx. 20 portions

TONKA BEAN CREAM

CINNAMON, CHOCOLATE

CRISPY PASTRY CASE

25g	Butter
180g	Praline 1:1 light (Carma)
100g	Milk Couverture Claire 33%(Carma)
90g	Pailleté Feuilletine (Cacao Barry)

Mix melted butter with Praline 1:1. Stir in milk couverture (tempered) and the Pailleté Feuilletine to finish. Thinly roll out the mixture between 2 layers of baking paper, put into the fridge. Cover with a thin layer of tempered dark couverture and cut out circles of 6 cm Ø.

TONKA CINNAMON CREAM

100g	Milk
10g	Eggs
10g	Yolk
30g	Sugar
7g	Cream powder
2g	Tonka beans ground
2g	Cinnamon ground
15g	Mycryo (cocoa butter)
100g	Cream 35% (Emmi)

Cook a cream with the milk, eggs, yolk, sugar, cream powder, tonka bean and cinnamon. Add Mycryo and allow the cream to cool down to 30°C. Fold in whipped cream and fill into Flexipan half spheres of 4 cm Ø. Freeze.

CHOCOLATE MOUSSE

70g	Yolk
50g	Sugar
250g	Couverture Madagascar Original Rare 64% (Carma)
270g	Cream 35% (Emmi)

Beat sugar and eggs (warm/cold). Melt the couverture and stir in. Cool the mixture down to 30°C and fold in whipped cream. Fill the mousse into Flexipan half-spheres of 6 cm Ø 2/3 full and press in the frozen cream. Smoothen and finish with the crispy case.
Freeze and spray with cocoa butter/couverture when still frozen.

Page 78

Recipe for approx. 50 portions

EXOTIC CHOCOLATE TARTE

MANGO, PASSION FRUIT, COCONUT

CHOCOLATE-SUGAR-PASTRY

130g	Butter
50g	Sugar
40g	Yolk
100g	Flour
15g	Cocoa powder (Carma)

Slowly stir butter and sugar until smooth. Add the yolks one by one and mix. To finish add all remaining ingredients and put in the refrigerator. Roll out the dough in a frame of 24 cm * 48 cm and bake around 18 min. in the convection oven at 160°C.

EXOTIC CARAMEL

130g	Sugar
25g	Butter
1 Pieces	Vanilla bean
100g	Passion fruit juice
60g	Mango puree
20g	Coconut puree
6g	Gelatine Leaves
2 Pieces	Fresh Mango

Lightly caramelize the sugar, add melted butter to the caramel, as well as fruit purees and soaked gelatine. Cut the mango into dices of 5 mm and add to the mixture. Allow to cool down a little bit and distribute the mixture on the chocolate-sugar-pastry, put in the fridge.

VENEZUELA

400g	Cream 35% (Emmi)
40g	Sugar
130g	Yolk
200g	Venezuela Couverture „Origine Rare 70% (Carma)
4g	Gelatine Leaves

Bring to a boil sugar and cream. Mix a small part of it with the yolk. Then pour the yolk into the pan again and warm up to 85°C while constantly stirring. Pour the mixture through a sieve onto the couverture, add gelatine and quickly homogenize. Spread the mixture over the exotic caramel and put in the fridge or freeze.

GLAZE

100g	Water
180g	Sugar
125g	Cream
60g	Cocoa powder(Carma)
150g	Dark Couverture Bourbon 50% (Carma)
100g	Coconut fat
10g	Gelatine Leaves

Bring to a boil water, sugar and cream. Add the remaining ingredients and homogenize for 3 minutes avoiding air bubbles.
Working temperature: approx. 30°C

Cut pieces of 8.5 cm * 4 cm. Lightly roughen the couverture plates with a fine wire brush. Decorate with dried exotic fruits and a silver leaf.

Page 80

Recipe for approx. 60 portions

PASSION FRUIT

CHOCOLATE

CHOCOLATE SPONGE

30g	Almond paste 1:1 (Carma)
25g	Sugar
60g	Eggs
20g	Flour
5g	Starch flour
15g	Cocoa powder (Carma)
1g	Baking powder
20g	Butter

Beat almond paste with sugar and eggs until creamy. Sift in flour, starch, cocoa and baking powder and gradually mix in the eggs, add melted butter and distribute in a frame of 17 cm * 24 cm. Bake in convection oven at 180 °C for approx. 8 minutes.

PASSION MOUSSE

70g	Passion fruit juice
1 Stück	Vanilla bean
70g	Sugar
70g	Yolk
6g	Gelatine Leaves
200g	Cream 35% (Emmi)

Bring to a boil the passion fruit juice, vanilla, sugar and yolk. Pass through a sieve and add soaked gelatine, let cool down to around 30°C. Fold in the whipped cream and distribute on the chocolate sponge. Freeze. Cut into pieces of 2.5 cm * 2.5 cm when still frozen.

MOUSSE AU CHOCOLAT

400g	Cream 35% (Emmi)
200g	Glucose
1000g	Couverture Madagascar Original Rare 64% (Carma)
1500g	Cream 35% (Emmi)

Bring to a boil the cream and the glucose, let cool down a little bit and pour to the solid couverture. Allow to cool to 35°C, fold in whipped cream. Fill the mousse in rings of 5.5 cm until 2/3 full and press in the frozen passion fruit dice. Smoothen with mousse, freeze again and spray with cocoa butter/couverture. Decorate with a red couverture rose petal.

PASSION FRUIT GLAZE

50g	Cream 35% (Emmi)
60g	Passion fruit juice
60g	Sugar
20g	Glucose
110g	White Couverture Ivoire 35% (Carma)
3g	Gelatine Leaves
	Yellow food coloring

Bring to a boil the cream, Passion fruit juice, sugar and glucose. Add the couverture, soaked gelatine and a small amount of yellow food coloring, homogenize.

Recipe for approx. 16 portions (10cm * 5 cm)

RASPBERRY

CHOCOLATE, CARAMEL, FLEUR DE SEL

CHOCOLATE SPONGE

200g	Almond paste 1:1 (Carma)
160g	Sugar
130g	Yolk
70g	Eggs
60g	Butter
60g	Cocoa powder
60g	Flour
200g	Egg whites
80g	Sugar

Stir almond paste with sugar, yolk and eggs until smooth. Add melted butter, sift in cocoa flour mixture and stir in. Beat the egg whites with sugar until stiff and fold into the mixture. Spread the mixture on a Flexipan mat 60 cm * 40 cm until smooth and bake in convection oven for approx. 13 min. at 170°C.
When cooled down, cut the pastry into three equal pieces (20 cm * 40 cm).

SYRUP

60g	Raspberry puree
50g	Simple syrup
50g	Water
15g	Raspberry brandy 40%Vol. (Lateltin)

Mix all ingredients and soak the chocolate sponge.

RASPBERRY GANACHE

90g	Sugar
50g	Glucose
170g	Cream 35% (Emmi)
170g	Raspberry puree
10g	Invert sugar
3g	Fleur de Sel
200g	Couverture Madagascar Original Rare 64% (Carma)
120g	Milk Couverture Claire 33%(Carma)

Caramelize sugar and glucose in a pan. Gradually deglaze with whipped cream and raspberry puree. Finally add inverted sugar and fleur de sel. Pour over the couverture, meld and homogenize with the mixer. Let the ganache cool down a little bit and distribute half of it on the first layer of sponge. Put the second sponge onto it and continue. Finish with a thin layer of ganache and put into the fridge or freezer. Decorate with fresh raspberries.

Recipe for approx. 12 portions

CHOCOLATE

CRISPY CASE

15g	Butter
60g	Couverture milk chocolate Claire 33%(Carma)
120g	Praline 1:1 dark (Carma)
30g	Pailleté Feuilletine (Cacao-Barry)
20g	Moretti (Carma)

Warm the butter and mix with tempered couverture. Stir in the praline and then the remaining ingredients. Roll out the mixture to a layer of 5 mm between two sheets of baking paper and cover one side with melted dark couverture. Invert and cut out circles of Ø 5 cm.

CHOCOLATE MOUSSE

160g	Yolk
80g	Sugar
280g	Dark couverture Alto el Sol 65% (Cacao-Barry)
400g	Cream 35% (Emmi)

Beat sugar and eggs (warm). Stir in the melted couverture and fold in the whipped cream at approx. 40°C. Place the crispy case circles into metal rings of Ø 5,5 cm and cover with the mousse. Freeze the mousse and spray with cocoa butter/couverture. Brush the plastic tape with red cocoa butter and tempered dark couverture. Place the couverture ribbon around the frozen mousse tartlets and decorate.

Recipe for approx. 50 portions

PISTACCHIO CREAM

CHERRY, BUTTER, ALMOND

SUGAR PASTRY

320g	Butter
160g	Sugar
100g	Eggs
60g	Almonds ground
560g	Flour

Slowly stir butter and sugar until smooth. Add the eggs one by one and mix. To finish, knead in all remaining ingredients and put into the refrigerator.
Roll out the dough until 3 mm thick and bake in convection oven approx. 14 min. at 175°C. Cut into pieces of 3.5 cm * 8 cm when still warm.

PISTACHIO CREAM

600g	Milk
360g	Sugar
240g	Yolk
80g	Starch flour
240g	Pistachio paste
120g	Kirsch 40%Vol. (Lateltin)
900g	Butter

Bring to a boil milk and sugar, mix a small amount of it with yolk and starch flour and pour back into the pan. Let the cream boil until thickened. Stir the Kirsch and the pistachio paste into the hot cream, allow to cool down. Beat the butter, add the cream and lightly whisk together.

Preparation: Distribute a very thin layer of tempered dark couverture on a plastic sheet and cut into 100 pieces of 3.5 cm * 8 cm. Place the sour cherries (griottes) into a sieve to drain. Put the whipped pistachio-cream in a piping bag with a nozzle of 8 mm and pipe onto the sugar cake base and top with the couverture plates. Pipe another layer of pistachio cream and decorate with sugar spirals and golden sheets.

Page 92

Recipes for 2 cakes of 18 cm each

PEAR

BERGAMOTTE, ALMONDS, LEMON

SUGAR PASTRY

130g	Butter
40g	Sugar
60g	Yolk
170g	Almond paste 1:1 (Carma)
200g	Flour

Lightly cream the butter and the sugar. Add the yolks one by one and mix. Quickly mix to form a dough with the remaining ingredients. Shape into a ring of 18 cm Ø and bake in convection oven at 180 °C for approx. 20 minutes.

PEAR MILK CREAM

70g	Cream 35% (Emmi)
30g	Pear puree
20g	Glucose
20g	Yolk
110g	Milk Couverture Claire 33% (Carma)
3g	Gelatine Leaves
200g	Cream 35% (Emmi)

Bring to a boil the cream with the pear puree, glucose and yolks. Allow to cool down a little bit and pour onto the solid couverture. Add soaked gelatine and the rest of the cream, mix quickly. Pour the cream in the sugar paste bases, put into the fridge.

PEAR BERGAMOTTE MOUSSE

170g	Pear puree
20g	Lemon juice
30 Drops	Bergamot essence (Sosa)
80g	Sugar
4g	Gelatine Leaves
200g	Cream 35% (Emmi)

Bring to a boil pear puree, lemon puree and sugar. Mix yolk and cream powder, add to the hot puree mixture and cook to a cream. Add soaked gelatine and let cool down to 30°C. Fold in the whipped cream and fill into rings of 15 cm Ø, freeze. Spray the mousse with yellow cocoa butter.

CARAMELIZED PEARS

2 Pieces	Pears
1 Piece	Vanilla bean
100g	Brillant-Gel (Carma)

Cut the pears into dices and caramelize with a Bunsen burner. Mix the vanilla bean with the Brillant Gel and glaze the pear dices.

Page 94

Recipes for 2 cakes of 16 cm each

GUAVA

CARAMEL, VANILLA, PASSION FRUIT

SPONGE

110g	Eggs
45g	Sugar
45g	Flour
45g	Starch

Beat eggs and sugar (warm/cold) until creamy, carefully fold in the sifted ingredients and distribute a thin layer of approx. 5 mm. Bake in the convection oven at 180°C for around 10 min. Cut out 2 layers per cake after the sponge has cooled down.

GUAVA JELLY

350g	Guava puree
20g	Lemon juice
50g	Sugar
8g	Gelatine Leaves

Lightly warm up the guava puree with lemon juice and sugar, add the soaked gelatine. Fill the Jelly into Flexipan mats of ø 14 cm and freeze.

PASSION FRUIT CREAM

50g	Passion fruit juice
40g	Yolk
35g	Sugar
1 Pieces	Vanilla bean
4g	Gelatine Leaves
200g	Cream 35% (Emmi)

Bring to a boil the passion fruit juice, yolk, sugar and vanilla while constantly stirring, add the soaked gelatine and beat until cold. To finish, fold in the whipped cream, spread on Flexipan mats of Ø 14 cm. Freeze.

CARAMEL MOUSSE

40g	Sugar
120g	Cream 35% (Emmi)
30g	Yolk
200g	Milk Couverture des Alpes 35% (Carma)
8g	Gelatine Leaves
320g	Cream 35% (Emmi)

Caramelize sugar and deglaze with cream. Mix the yolk with a small amount of caramel cream and heat up to 85°C. Pass the mixture through a sieve and let cool down to 35°C. Add the diluted gelatine and carefully fold in the whipped cream. Lay the sponge circles in cake rings. Fill in a small amount of mousse and press in the frozen passion fruit cream, add a small amount of mousse again and cover with the second sponge piece. To finish, coat with mousse, jelly and a final layer of mousse. Freeze and cover with caramel glaze.

CARAMEL GLAZE

200g	Sugar
500g	Cream 35% (Emmi)
60g	Glucose
100g	Milk Couverture „des Alpes 35%" (Carma)
50g	Coconut fat
16g	Gelatine Leaves
	some gold powder

Caramelize sugar only and deglaze with cream.
Homogenize glucose, couverture, coconut fat and gelatine avoiding air bubbles.
Working temperature: approx. 30°C.

Recipes for 2 cakes of 20 cm each

COFFEE

LEMONS, BERRIES

SUGAR PASTRY

130g	Butter
40g	Sugar
60g	Yolk
170g	Almond paste 1:1 (Carma)
150g	Flour
50g	Cocoa powder (Carma)

Lightly cream the butter and the sugar. Add the yolks slowly and mix. Quickly mix to form a dough with the remaining ingredients. Shape into a ring of 20 cm Ø and bake in convection oven at 180°C for approx. 15 minutes.

LEMON CREAM

300g	Sugar
300g	Lemon juice
80g	Limoncè 25% Vol. (Lateltin)
80g	Butter
320g	Eggs
10g	Gelatine Leaves
1 Pieces	Lime (zest)

Bring to a boil sugar, lemon juice, limonce and butter. Mix a small part of the hot mass with the eggs and bring to a boil all together. Strain the hot cream through a sieve and add the remaining ingredients.
Pour the hot mixture on the baked sugar pastry base and refrigerate.

COFFEE MOUSSE

50g	Coffee beans
90g	Sugar
60g	Water
70g	Yolk
60g	Eggs
4 Sheets	Gelatine
190g	Milk Couverture Claire 33% (Carma)
220g	Cream 35% (Emmi)

Bring to a boil the coffee beans with sugar and water, let simmer for some minutes and allow to steep.
Beat yolk and eggs and whisk in the strained, boiled coffee syrup. Melt the couverture to 45°C and stir in. Stir the gelatine into the egg-couverture mass. Fold in the whipped cream and fill into rings of 16 cm Ø, freeze. Glaze the frozen mousse with the glazing and place onto the lemon cream. Decorate with fresh berries and lime filets.

GLAZE

140g	Milk
80g	Water
40g	Glucose
220g	Milk Couverture Claire 33% (Carma)
75g	Coconut oil
4g	Gelatine Leaves

Bring to a boil milk, water and glucose, add the couverture and the soaked gelatine. Homogenize the glazing for 3 minutes avoiding air bubbles. Working temperature: approx. 30°C

Recipes for 2 cakes of 15 cm * 20 cm each

APPLE

ELDERFLOWERS

SPONGE

200g	Eggs
240g	Almond paste1:1 (Carma)
20g	Flour
20g	Starch
80g	Butter
60g	Walnuts

Beat eggs with almond paste. Carefully stir in flour, starch, melted butter and chopped walnuts. Distribute the mixture in a frame of 34 cm * 24 cm. Bake in convection oven at 180°C for approx. 10 minutes.
Allow the sponge to cool off and cut it into pieces of 15 cm * 20 cm.

EDERFLOWERS JELLY

150g	Elderflower syrup
200g	Water
6g	Gelatine Leaves

Lightly warm up the elderflowers syrup with water. Add soaked gelatine. Pour the mixture in a frame of 17 cm * 24 cm covered with cling film and freeze.

APPLE MOUSSE

40g	Sugar
300g	Apple puree
12g	Gelatine Leaves
90g	Egg whites
20g	Sugar
300g	Cream 35% (Emmi)

Mix sugar and apple puree. Stir in the soaked, melted gelatine. Carefully mix in the whipped cream. Beat egg whites with sugar until stiff and fold in. Spread the mousse onto the frozen jelly and freeze again. Cut the frozen mousse into pieces of 17 cm * 12 cm and glaze with the apple glazing. Place the mousse on the sponge and garnish.

APPLE GLAZE

240g	Cream 35% (Emmi)
300g	Apple puree
300g	Sugar
100g	Glucose
100g	White Couverture Ivoire 35% (Carma)
100g	Coconut fat
8g	Gelatine Leaves
	some green food coloring

Bring to a boil the cream, apple puree, sugar and glucose. Pour the hot liquid onto the solid white couverture and the coconut fatl. Add the soaked gelatine and homogenize for 3 minutes avoiding air bubbles.
Working temperature: approx. 30°C.
Cover the frozen mousse with glazing and place onto the sponge, decorate.

Recipes for 2 cakes of 18 cm each

BANANA MACES

ALTO EL SOL CHOCOLATE

HAZELNUT SPONGE

50g	Eggs
75g	Sugar
50g	Hazelnuts, ground
15g	Flour
40g	Egg whites
10g	Sugar

Beat sugar and eggs (warm/cold). Stir in the hazelnuts, sifted flour and melted butter. Beat the egg whites with sugar until stiff and fold into the mixture. Distribute the sponge on a baking paper or baking mat of 50 cm * 30 cm. Baked in convection oven at 180°C for approx. 10 minutes.
Cut out two cases per cake once the sponge has cooled off.

BANANA MACE CREAM

260g	Banana puree
30g	Lemon juice
3g	Mace ground
100g	Yolk
40g	Cream 35% (Emmi)
20g	Brown sugar
30g	Rum Legendario Dorado 5Y 38% Vol. (Lateltin)
10g	Starch
6g	Gelatine Leaves
120g	Egg whites
50g	Brown sugar

Bring to a boil the banana puree, lemon juice, ground mace, yolk, cream and brown sugar. Mix the rum and the starch, add to the hot mixture and let the cream boil until thickened. Stir the soaked gelatine into the hot cream and rapidly mix in stiffly beaten egg whites. Immediately fill the cream into cake rings of Ø 16 cm and freeze.

ALTO EL SOL MOUSSE

370g	Cream 35% (Emmi)
370g	Couverture Alto El Sol 65% Original Rare (Cacao-Barry)
4g	Gelatine Leaves
320g	Couverture Alto El Sol 65% Original Rare (Cacao-Barry)

Warm up the cream to 80°C and pour it onto the solid couverture. Let the ganache cool down to 35°C and mix in the diluted gelatine. To finish, carefully fold in the whipped cream. Lay the sponge into a cake ring and fill in a small amount of mousse. Continue with a layer of sponge and mousse again. Press in the frozen banana cream and smoothen with mousse. Freeze and spray with cocoa butter/dark couverture.

Recipe for 4 pieces of 4 * 24 cm

CASSIS

NOUGATS CHIPS

PISTACHIO SPONGE

40g	Almond paste 1:1 (Carma)
30g	Pistachio paste
70g	Sugar
50g	Yolk
35g	Eggs
25g	Butter
	green food coloring
50g	Starch flour
40g	Sugar
110g	Egg whites

Whisk almond paste, pistachio paste and sugar with yolk and eggs and a small amount of green food coloring until creamy. Mix the starch with the egg mass, beat sugar and egg whites until stiff and also fold in. Spread the mixture to 51 cm * 24 cm and bake 20 min. in the convection oven at 180°C.

FEUILLETINE

180g	180g Praline 1:1 dark(Carma)
70g	Milk Couverture Claire 33%(Carma)
70g	Pailleté Feuilletine (Cacao Barry)
20g	Nougats chips (Boiron)

Mix praline with melted couverture, add the Pailleté Feuilletine and the nougats chips and distribute the mixture onto the sponge when cooled off, refrigerate. Cut into pieces of 17 cm * 24 cm.

CASSIS MOUSSE

300g	Cassis puree
20g	Cassis de Bourgogne Simon Ainé 15%Vol.(Lateltin)
1 Pieces	Vanilla bean
80g	Sugar
70g	Yolk
6g	Gelatine Leaves
200g	Cream 35% (Emmi)

Bring to boil cassis puree, vanilla, sugar and yolk while constantly stirring. Add soaked gelatine and allow to cool down to 30°C. Carefully fold in whipped cream. Put a layer of genoise into the mold and cover with a small amount of mousse. Put a second layer of genoise onto it and top with mousse. 3 layers of genoise and mousse per ring. Freeze and cut into pieces of 4 cm * 24 cm.

CASSIS GLAZE

240g	Cream 35% (Emmi)
300g	Cassis puree
300g	Sugar
100g	Glucose
200g	White Couverture Ivoire 35% (Carma)
14g	Gelatine Leaves

Bring to a boil the cream, cassis puree, sugar and glucose. Add the couverture and the diluted gelatine and mix for 3 minutes, avoiding air bubbles. Working temperature: approx. 30°C.

MERINGUE HOODS

100g	Egg whites
200g	Sugar

Beat egg whites and sugar until stiff. Mount plastic wrap over a dish and dress small dots of egg whites. Poach some seconds in the microwave oven at 400 Watts.

Page 106

Recipes for 2 cakes of 15 cm each

QIMIQ
WHISKY, CHOCOLATE, LEMON

CRISPY BASE

90g	White Couverture 35% Ivoire (Carma)
50g	Cocoa butter (Carma)
120g	Riz Soufflé caramelized
50g	Pistachios chopped
1 pcs	Lime zest

Melt couverture and cocoa butter. Mix in the remaining ingredients and distribute on a baking paper (15 cm * 30 cm). Allow the crispy case to set until solid and cut into halves forming squares of 15 cm * 15 cm.

QIMIQ-MOUSSE VENEZUELA

500g	QimiQ Whip, cooled (Emmi)
50g	Lemon juice
70g	Sugar
80g	Bruichladdich 16 y Bourbon Whisky 46% (Lateltin)
160g	Couverture Venezuela Original Rare 70% (Carma)

Whip the QimiQ Whip with lemon juice, sugar and whiskey. Melt the couverture at 45°C and add it to the mixture. Fill into molds of 12 cm * 24 cm and put into the freezer. Glaze the frozen mousse with the lemon glazing and place onto the crispy case.

LEMON GLAZE

120g	Cream 35% (Emmi)
150g	lemon juice
200g	Sugar
50g	Glucose
100g	White Couverture Nuit Blanche 37.5% (Carma)
8g	Gelatine Leaves
	some yellow color

Bring to a boil the cream, lemon juice, sugar and glucose. Pour the hot liquid onto the solid white couverture. Add the soaked gelatine and mix for 3 minutes avoiding air bubbles. Working temperature: approx. 30°C
Coat the frozen cake with the glaze and decorate.

DRY SUGAR FOAM

100g	Sugar
30g	Water
20g	Royal Icing

Bring the water and sugar to 145°C. Quickly stir in the royal icing with a whisk. The sugar should grow to double volume. Continue to stir until the mass is again getting more volume. Immediately pour on a baking paper and let cool down. Break into small pieces and use to decorate.

Page 108

Recipes for 2 cakes of 16 cm each

COCONUT
VERBENA, PINEAPPLE

COCONUT SPONGE

150g	Egg whites
50g	Sugar
30g	Icing sugar
70g	Coconut ground
10g	Starch

Beat the egg whites with sugar until stiff. Fold in the ingredients. Distribute the mass approx. 1 cm thick on a baking paper and bake in convection oven for 9 min. at 160°C.

PINEAPPLE VERBENA MOUSSE

170g	Pineapple puree
1 Pieces	Vanilla bean
34g	Verbena
8g	Gelatine Leaves
30g	Egg whites
20g	Sugar
130g	Cream 35% (Emmi)

Warm up Pineapple puree with vanilla and verbena. Add soaked gelatine and let cool down. Whisk egg whites with sugar until stiff and fold with the whipped cream into the Pineapple puree. Fill the mass into triangles of 14 cm and freeze.

CHOCOLATE MOUSSE

75g	Eggs
250g	White Couverture Ivoire 35% (Carma)
6g	Gelatine Leaves
370g	Cream 35% (Emmi)

Beat the eggs over a warm water bath. Melt the couverture (35°C) and fold into the whisked eggs. Stir in the diluted gelatine and carefully fold in the whipped cream.

Put the sponge into the ring and cover with some of the chocolate mousse. Press in the frozen Pineapple verbena mousse and top with some more of the mousse. Finish with sponge and chocolate mousse. Freeze the cake. Place chocolate sticks on the cake, spray with cocoa butter/couverture and decorate.

Recipes for 2 cakes of 18 cm each

LEMON-CHOCOLATE

RASPBERRIES, CARDAMON

SPONGE

100g	Eggs
120g	Almond paste 1:1 (Carma)
25g	Pistachio paste
10g	Flour
10g	Starch flour
40g	Butter
	Whole pistachios,
	Semi-candied lemons

Beat eggs , almond paste and Pistachio paste until creamy, add remaining ingredients. Distribute the mass in 2 rings of 18 cm Ø. Sprinkle with whole pistachios and semi-candied lemons.
Bake in convection oven at 180°C for approx. 10 minutes.

LEMON/CARDAMON SYRUP

50g	Lemon juice
50g	Water
40g	Sugar
40g	Cardamom whole

Bring to a boil all ingredients at once and let steep for 5 hours.

RASPBERRY JELLY

400g	Raspberry puree
30g	Sugar
12g	Gelatine Leaves

Lightly warm up raspberry puree and sugar, add gelatine and pour onto Flexipan mats of 16 cm Ø. Freeze the jelly.

VANILLA CREAM

110g	Milk
1 Pieces	Vanilla bean
20g	Sugar
25g	Yolk
4g	Cream powder
3g	Gelatine Leaves
120g	Cream 35% (Emmi)

Bring to a boil milk, vanilla and sugar. Stir a small amount of the hot liquid with yolk and cream powder until creamy. Pour back into the pan and cook a cream. Add soaked gelatine and let cool down. Stir the cream until smooth and carefully fold in the whipped cream. Spread the cream on Flexipan mats of 16 cm Ø.

MOUSSE VENEZUELA

100g	Yolk
90g	Eggs
70g	Syrup Lemon/Cardamom
60g	Sugar
240g	Couverture Venezuela Original Rare 70%(Carma)
350g	Cream 35% (Emmi)

Beat yolk, eggs, syrup and sugar (warm/cold). Melt the couverture at 45°C and stir in. To finish, fold in the whipped cream. Put the sponge into a ring and soak with the remaining syrup. Top with some mousse and then with the frozen jelly disk. Add another layer of mousse followed by the vanilla Cream and finish off with the rest of the mousse. Freeze the cake and cover with the glaze and decorate.

GLAZE

200g	Water
360g	Sugar
250g	Cream 35% (Emmi)
120g	Cocoa powder (Carma)
300g	Dark Couverture Bourbon 50% (Carma)
200g	Coconut fat
18g	Gelatine Leaves

Bring to a boil water, sugar and cream. Add the remaining ingredients and homogenize for 3 minutes avoiding air bubbles.
Working temperature: approx. 30°C

Page 112

Recipes for 2 cakes of 16 cm each

DWARF ORANGES

YOGURT, PRALINE

ALMOND SPONGE

120g	Eggs
70g	Sugar
20g	Flour
75g	Almonds ground
20g	Butter
50g	Egg whites
20g	Sugar

Beat sugar and eggs (warm/cold). Stir in the almonds, sifted flour and melt butter. Beat the egg whites with sugar until stiff and fold into the mixture. Spread a layer of approx. 1 cm thick onto a prepared baking tray .
Bake in convection oven at 180 °C for approx. 9 minutes.

DWARF ORANGE COMPOTE

200g	Kumquats
30g	Sugar
200g	Water
1 Piece	Vanilla bean
10g	Butter
20g	Grand Marnier Extrait 50%
2g	Pectin

Cut kumquats into fine slices and shortly blanch in boiling water. Let drain and add the remaining ingredients. Let simmer for 5 minutes. Allow the compote to cool down and distribute it on Flexipan saverin mats of 15 cm Ø, freeze.

PRALINE MOUSSE

20g	Milk
10g	Yolk
10g	Grand Marnier Extrait 50%
30g	Praline 1:1 dark (Carma)
90g	Dark Couverture Bourbon 50% (Carma)
2g	Gelatine Leaves
120g	Cream 35% (Emmi)

Whisk milk and eggs over a water bath until thickened, strain through a sieve and add Grand Marnier Extrait. Stir in dark Praline 1:1 and melted couverture, add diluted gelatine and mix well. Finally fold in the whipped cream. Distribute the mousse on the kumquat compote, freeze.

YOGURT MOUSSE

200g	Yogurt (Emmi)
20g	Sugar
1 Piece	Lime
5g	Gelatine Leaves
100g	Cream 35% (Emmi)
50g	Egg whites
20g	Sugar

Mix yoghurt, sugar, zest and juice of a lime. Stir the diluted gelatine and the whipped cream into the yoghurt mass. Beat the egg whites with sugar until stiff and fold into the mixture.

ORANGE GLAZE

240g	Cream 35% (Emmi)
300g	Orange puree
300g	Sugar
100g	Glucose
200g	White Couverture Nuit Blanche 37.5% (Carma)
14g	Gelatine Leaves

Bring to a boil the cream, orange juice, sugar and glucose. Pour the hot liquid onto the solid white couverture. Add the soaked gelatine and homogenize for 3 minutes avoiding air bubbles.
Working temperature: approx. 30°C
Coat the frozen cake with the glaze and decorate.

Page 114

Recipes for 2 cakes of 25 cm each

RASPBERRY

MASCARPONE

PISTACCHIO SPONGE

40g	Almonds ground
30g	Pistachio paste
70g	Sugar
50g	Yolk
35g	Eggs
25g	Butter
	Green food coloring
50g	Starch flour
110g	Egg whites
40g	Sugar

Whisk almonds, pistachio paste and sugar with yolk and eggs and a small amount of green food coloring until creamy. Mix the starch with the egg mass. Beat the egg whites with sugar until stiff and fold into the mixture. Distribute the mass approx. 5 mm on a baking paper and bake in convection oven for 9 min. at 180°C.

RASPBERRY JELLY

450g	Raspberry puree
90g	Sugar
10g	Gelatine Leaves

Warm up the raspberry puree with sugar, stir in the soaked gelatine. Pour the jelly into a Flexipan dish of 3 cm * 3 cm * 50 cm.

MASCARPONE CREAM

100g	Milk
40g	Yolk
60g	Honey
14g	Starch flour
1 Pieces	Lime (juice/zest)
6g	Gelatine Leaves
150g	Mascarpone (Emmi)
100g	Cream 35% (Emmi)
80g	Egg whites
20g	Sugar

Cook a cream from milk, yolk, honey and starch flour. Add lemon juice and zest of a lime. Add the diluted gelatine and carefully fold in the whipped cream. Beat the egg whites with sugar until stiff and quickly fold into the mixture as well. Cover tubes of 5 cm * 50 cm with a structured sheets. Dress the cream into the tubes and press in the frozen jelly.
Freeze the tubes and spray with red cocoa butter coloring.

Recipes for 4 cakes of 16 cm each

CHERRY PISTACCHIO

PISTACCHIO SPONGE

60g	Almonds ground
40g	Pistachio paste
100g	Sugar
80g	Yolk
50g	Eggs
40g	Butter
80g	Starch
160g	Egg whites
60g	Sugar

Mix almonds, pistachio paste, sugar, yolk and eggs. Then, stir in melted butter and starch flour. Whisk whites of egg with sugar until stiff and fold into the mixture. Distribute approx. 5 mm thick and bake in convection oven for 15 min. at 180°C. Allow to cool down and cut into circles of 15 cm Ø.

PISTACCHIO CREAM

130g	Milk
50g	Yolk
80g	Sugar
20g	Starch flour
4g	Gelatine Leaves
50g	Cocoa butter Mycryo
30g	Pistachio paste
320g	Cream 35% (Emmi)

Cook a cream from milk, yolk, sugar and starch flour. Stir in soaked gelatine, cocoa butter and pistachio paste. Allow to cool to 35 °C and fold in whipped cream. Distribute the cream on Flexipan mats of 15 cm Ø and sprinkle with the sour cherries. Freeze.

MADAGASCAR MOUSSE

160g	Cream 35% (Emmi)
40g	Invert sugar
400g	Couverture Madagascar Original Rare 64% (Carma)
80g	Yolk
4g	Gelatine Leaves
80g	Sugar
240g	Egg whites

Prepare a ganache from cream, invert sugar and couverture. Mix the yolk into the ganache and allow to cool down to 35°C. Add the soaked and melted gelatine. Beat the egg whites with sugar until stiff and quickly fold into the mixture as well. Distribute the mousse on the sponge 1/3 full. Press in the frozen cream and level with mousse Madagascar. Freeze and cover with dark glaze.

DARK GLAZE

200g	Water
360g	Sugar
250g	Cream 35% (Emmi)
120g	Cocoa powder (Carma)
300g	Dark Couverture Bourbon 50% (Carma)
200g	Coconut fat
18g	Gelatine Leaves

Bring to a boil water, sugar and cream. Add the remaining ingredients and homogenize for 3 minutes avoiding air bubbles.
Working temperature: approx. 30 °C

Recipes for 2 cakes of 16 cm each

WILD BERRIES

SOUR SINGLE CREAM, KAFFIR LIME

SPONGE

110g	Butter
105g	Sugar
100g	Yolk
110g	Couverture Madagascar Original Rare 64% (Carma)
100g	Egg whites
60g	Sugar
80g	Flour

Beat butter, sugar and yolk until lightly creamy, stir in the melted couverture. Beat the egg whites with sugar until stiff and fold into the mixture. Carefully mix in the flour and spread the mixture on a baking paper or baking mat of 50 cm * 50 cm. Bake in convection oven at 160°C for approx. 15 minutes. Allow to cool down and cut out 6 cases of Ø 15 cm.

WILD BERRY JELLY

300g	Wild berry puree
5 Leaves	Kaffir lime leaves
40g	Sugar
8g	Gelatine Leaves

Bring to a boil the wild berry with the Kaffir lime leafs and sugar, allow to step for at least 5 hours. Remove the Kaffir lime leafs and lightly warm up again, add soaked gelatine. Fill the mousse into Flexipan mats of ø 15 cm and freeze

SOUR CREAM MOUSSE

250g	Sour cream (Emmi)
50g	Lime juice
60g	Sugar
12g	Gelatine Leaves
125g	Cream 35% (Emmi)
75g	Egg whites
30g	Sugar

Mix sour sour cream with sugar and lime juice. Add the diluted gelatine and carefully fold in the whipped cream. Beat the egg whites with sugar until stiff and fold into the mixture. Lay the sponge circles in cake rings. Fill in some moussse and cover with another sponge. Top with another small amount of mousse. Press in the wild berry jelly disk, cover with mousse and a third sponge layer, and finish with mousse. Freeze and glaze

WHITE GLAZE

110g	Sugar
90g	Milk
110g	Water
40g	Glucose
350g	White Couverture Ivoire 35% (Carma)
75g	Coconut fat
4g	Gelatine Leaves
	white food coloring

Bring to a boil sugar, milk, water and glucose. Add the couverture, the coconut fat and the diluted gelatine and homogenize for 3 minutes avoiding air bubbles.
Working temperature: approx. 30°C.

Page 122

Recipe for approx. 120 portions

MANGO
SESAME

SESAM BRITTEL

20g	Milk
50g	Butter
20g	Sugar
60g	Glucose
10g	Pectin Gelbband
30g	Sesame seeds white
30g	Sesame seeds black

Bring to a boil milk, butter, glucose and sugar to 106°C. Mix pectin with sesame seeds and stir into the hot mixture. Spread out the hot mass between two layers of baking paper as thin as possible. Take off the upper paper and bake in the convection oven for approx. 15 min. at 170°C until golden. Immediately cut out circles.

PASSION TAPICA PEARLS

400g	Passion fruit juice
200g	Mango puree
20g	Tapioka pearls (Asia shop)

Simmer the passion fruit juice/mango puree with the tapioca pears for 30 minutes. Allow to cool down and pipe into the prepared 120 chocolate half-spheres. Carefully cover twice with tempered white couverture.

MANGO-GANACHE

160g	Mango puree
10g	Lemon juice
30g	Glucose
110g	Butter
1 Piece	Vanilla bean
15g	Sorbitol
160g	White Couverture Ivoire 35% (Carma)

Bring to a boil the mango puree, lemon juice, glucose, butter, vanilla and sorbitol, let cool down a little bit and pour over the couverture. Melt ganache and homogenize. Fill the ganache into 120 half-spheres, let cool down and cover.

Spray 120 half-sphere praline molds with yellow cocoa color and create hollow shells with tempered white couverture. Fill in passion-tapioca pearls and carefully cover with white couverture. Fill the ganache into the prepared molds , allow to crystalize overnight and cover. Put each white half-sphere on a chocolate plate. Place the sesame brittle cut outs on the half-spheres and top with a yellow half-sphere.

Page 124

Recipe for approx. 120 portions

WOODSTRAWBERRY PEPPER
CHAMPAGNE

WOODSTRAWBERRY COULIS

100g	Wood strawberry puree
100g	Sugar
25g	Glucose
1g	Pepper ground
10g	Sugar
2g	Pectin gelband
2g	Citric acid

Bring to a boil the wood strawberry puree, sugar and glucose. Combine the sugar with the pectin and add to the puree. Bring to 106°C while stirring, stir in the liquid citric acid. Allow to cool and pipe into the prepared praline molds 1/3 full.

CHAMPAGNE GANACHE

80g	Cream 35% (Emmi)
15g	Butter
1 Pieces	Vanilla bean
250g	Milk Couverture Claire 33% (Carma)
80g	Champagne (Lateltin)
25g	Vieux Marc de Champagne Goyard 40%Vol. (Lateltin)
15g	Sorbitol

Boil the cream, butter and vanilla, allow to cool down a little bit and pour over the couverture. Let the couverture melt, add the remaining ingredients and homogenize. Fill the ganache into the molds and allow solidifying for 12 hours. Cover with milk couverture.

Spray hollow chocolates with red cocoa butter color and gold powder, fill in milk couverture. Decorate with green colored cocoa nibs.

Page 126

Recipe for approx. 120 portions

STRAWBERRY, RED PEPPER
WHITE COUVERTURE

GANACHE

210g	Red Pepper puree
80g	Strawberry puree
90g	Glucose
1.5g	Paprika (spicy)
25g	Butter
65g	Cocoa butter (Carma)
370g	White Couverture Nuit Blanche 37.5% (Carma)

Warm up to 70°C the red pepper puree, strawberry puree, paprika, butter and cocoa butter to 70°C. Pour over the solid couverture and melt.
Homogenize briefly and fill into white hollow truffle shells. Allow to crystallize for 12 hours and finally cover with couverture. Press a candy stick into the still soft couverture. Allow to set before dipping the spheres.

Page 128

Recipe for approx. 120 portions

WHISKY

LIME, BUTTER, SALT

LIME COULIS

100g	Lime juice
100g	Sugar
25g	Glucose
10g	Sugar
5g	Pectin Gelbband

Bring to a boil the lime juice, sugar and glucose. Combine the sugar with the pectin and add to the lime juice. Bring to 106°C while stirring. Allow the mixture to cool and fill in the prepared chocolate molds.

BUTTER-WHISKY GANACHE

75g	Butter
150g	Milk Couverture Claire 33%(Carma)
65g	Single Malt Whisky 16 y Bourbon 46%Vol. (Lateltin)

Lightly beat the butter, add melted milk couverture and slowly stir in the whiskey. Fill the ganache into the prepared chocolate molds. Allow to crystalize and cover with tempered milk couverture.

SALT ROCK SUGAR

100g	Sugar
40g	Fleur de Sel
30g	Water
20g	Royal Icing

Bring the sugar, fleur de sel and water to 145°C. Quickly stir in the royal icing with an whisk. . The sugar should grow to double volume. Continue to stir until the mass is again getting more volume. Immediately pour on a baking paper and let cool down. Brake into small pieces and decorate the chocolates.

Page 130

Recipe for approx. 120 portions

PORT

PRUNE, DARK COUVERTURE

PORT GANACHE

60g	Porto Honorable 18 %Vol. (Lateltin)
60g	Cream 35% (Emmi)
40g	Butter
20g	Sorbitol
400g	Couverture Madagascar Original Rare 64% (Carma)
270g	Porto Honorable 18 %Vol. (Lateltin)

Warm up to 80°C port, cream, butter and sorbitol. Pour the hot liquid over the solid couverture and melt. To finish, add port and homogenize.

INSERT

Prunes

Coarsely chop the prunes and sprinkle into the chocolate truffle shells. Fill with port ganache and let solidify for around 3 hours. Coat with Couverture Madagascar and decorate.

Page 132

Recipe for approx. 120 portions

BALSAMICO

CHERRY

GANACHE

200g	Cherry puree
2 Pieces	Vanilla bean
280g	Butter
480g	White Couverture Ivoire 35% (Carma)
60g	Balsamico
40g	Kirsch 40% (Lateltin)

Warm up cherry puree with vanilla and butter to 70°C, pour onto the solid couverture. To finish, add balsamico and kirsch, homogenize. Fill the ganache into the prepared molds and let solidify for 3 hours. Cover with coverture. After removed from molds, freez quickly and spray with red cocoa butter. Decorate with white dashes using a brush.

Recipe for approx. 120 portions

COFFEE

LEMON, CHOCOLATE

LEMON COULIS

50g	Lemon juice
250g	Sugar
25g	Glucose
6g	Sugar
2g	Pectin Gelbband

Bring to a boil the lime juice, sugar and glucose. Combine the sugar with the pectin and add to the lime juice. Bring to 106°C while stirring. Allow the mixture to cool and fill 1/3 full into the prepared chocolate molds.

COFFE GANACHE

240g	Cream 35% (Emmi)
90g	Coffee beans
30g	Butter
3 Pieces	Vanilla bean
15g	Sorbitol
15g	Glucose
270g	Milk Couverture Claire 33% (Carma)

Bring to a boil the cream, add the coffee beans and let steep for 12 hours, sieve and add butter, vanilla beans, sorbitol and glucose.
Warm up to 25°C and stir in melted couverture (approx. 40°C). Briefly homogenize the ganache and fill into the molds.
Allow to rest for approx. 2 hours and cover. Decorate.

COFFE BRITTLE

100g	Coffee beans
150g	Sugar
75g	Water

Roughly chop the coffee beans. Boil sugar and water to form thick syrup. Add coffee beans and let boil as long as necessary to let the sugar recrystallize. Allow to caramelize until small sugar are forming. Allow to cool down and color with yellow color.

Pour dark couverture into eggshells 4.5 cm * 1.5 cm deep. Fill in lemon coulis and ganache, top and put onto a yellow colored couverture drop. Decorate

Recipe for approx. 120 portions

CASSIS

BUTTER, VANILLA

GANACHE

100g	Cassis puree
160g	Butter
20g	Glucose
2 Pieces	Vanilla bean
260g	White Couverture Ivoire 35% (Carma)
120g	Cassis de Bourgogne Somin Ainé 46%Vol. (Lateltin)

Bring to a boil cassis puree with butter, glucose and vanilla. Allow to cool down to 70°C and add the couverture. Let melt and stir in the liquor, homogenize. Fill the ganache into the prepared molds and allow to crystallize for 12 hours. Cover and quickly freeze. Spray the pralines with blue cocoa butter color when lightly frozen. Decorate.

Recipe for approx. 120 portions

PRALINE MOUSSE

HAZELNUTS, CARAMEL

GANACHE

200g	Cream 35% (Emmi)
100g	Butter
1 Pieces	Vanilla bean
400g	White Couverture Ivoire 35% (Carma)
100g	Praline 1:1 light
60g	Hazelnuts roasted, chopped

Bring to a boil cream, butter and vanilla. Allow to cool slightly. Pour over the solid couverture and melt. Add the remaining ingredients and homogenize. Allow to cool a slightly and beat lightly until creamy. Fill into prepared molds. Allow to rest and cover.

HAZELNUTS BRITTLE

200g	Hazelnuts chopped
100g	Sugar
40g	Water

Lightly roast the hazelnuts in the oven. Bring to a boil water and sugar. Add the hazelnuts and caramelize. Distribute on a baking paper to cool down.

Page 140

Recipe for approx. 120 portions

APRICOT
PEPPERMINT

APRICOT JELLY

120g	Apricot puree
130g	Sugar
20g	Glucose
12g	Sugar
3g	Pectin Gelband
3g	Citric acid liquid
2 Drops	Peppermint oil

Bring to a boil the apricot puree, sugar and glucose. Combine the sugar with the pectin and add to the puree. Bring to a boil while stirring. Allow to cool and pipe into the praline molds 1/3 full.

GANACHE

200g	Cream 35% (Emmi)
60g	Invert sugar
70g	Butter
320g	Dark Couverture Bourbon 50%(Carma)
40g	Le vieux Abricot des Trois Rois, 40 %Vol. (Lateltin)

Warm cream, invert sugar and butter to 30°C. Melted the couverture to 30°C. Combine the ingredients and homogenize with the apricot brandy. Fill the ganache onto the jelly and let rest for 1 hour. Cover.

Preparation: Spray praline half-spheres of 2.5 cm with yellow and red cocoa butter. Coat half of the half-spheres with white couverture, the remaining ones with dark couverture.

Page 142

Recipe for approx. 100 portions

RASPBERRY

RASPBERRY GANACHE

260g	Raspberry puree
40g	Butter
40g	Raspberry Brandy 40%Vol. (Lateltin)
40g	Glucose
10g	Sorbitol
200g	Dark Couverture Bourbon 50% (Carma)

Warm the raspberry puree, butter and glucose to 35°C. Stir in the raspberry brandy and sorbitol. Add tempered couverture and homogenize briefly. Fill the ganache into the prepared molds and allow crystallizing for approx. 1 hour.

Spray hollow chocolates with red cocoa butter color and coat with dark couverture. When solidified, mix white couverture with gold powder, and dress three dots.

Page 144

Recipe for approx. 70 portions

CURRY-CRANBERRY

GANACHE

250g	Cream 35% (Emmi)
60g	Butter
60g	Glucose
60g	Dark Couverture Bourbon 50% (Carma)
450g	Milk Couverture Claire 33% (Carma)
45g	Dried Cranberries
12g	Curry (Mumbai)

Warm up to approx. 80°C cream, butter and glucose and pour the mixture on the solid couverture. Melt and briefly homogenize. Chop the cranberries and mix them into the ganache together with the curry powder. Fill the ganache into a frame of 1 cm height. Allow to crystallize, spread with a thin layer of melted couverture,invert and cut into pieces of 2 cm * 3 cm. Dip into tempered dark couverture. Decorate.

Page 146

Recipe for approx. 120 portions

CHERRY

BUTTER, CHERRY, ALMOND

SPONGE

75g Eggs
30g Sugar
20g Starch
25g Flour

Beat eggs with sugar. Then, sift the starch and the flour over the egg mass and carefully fold in. Distribute the mixture approx. 3 mm thick and bake in the convection oven 180°C for around 13 minutes. When cooled down apply a thin layer of tempered milk couverture and cut into pieces of 5 mm * 15 mm.

CHERRY JELLY

100g Cherry puree
100g Sugar
25g Glucose
10g Sugar
8 Pectin Gelband
1,5g Citric acid Liquid

Bring to a boil the cherry puree, sugar and glucose. Combine the sugar with the pectin and add to the cherry puree. Bring to 106°C while stirring. Add the citric acid and immediately distribute around 3 mm thick on a prepared tray. Allow to cool, cut into strips and place into the molds.

BUTTER-KIRSCH-GANACHE

150g Butter
300g Milk Couverture Claire 33%(Carma)
130g Kirsch 40% (Lateltin)

Lightly beat the butter until creamy, add melted milk chocolate and slowly stir in the Cherry. Fill the ganache 2/3 full into the prepared molds and cover with the sponge. Allow the chocolates to rest and cover with milk couverture.

ALMOND CARAMELIZED

50g Sugar
20g Water
100g Almond slivers

Bring to a boil water and sugar. Mix the almond slivers with the warm syrup and spread over a baking paper. Roast in the convection oven at 150°C until golden.

Page 148

Recipe for approx. 120 portions

BLACK OLIVES

WHITE COUVERTURE

CANDIED OLIVES

80g black Olives
90g Water
100g Sugar

Coarsely chop the black olives. Simmer the olives with water and sugar for about 10 minutes. Strain the olives and allow to cool.

GANACHE

110g Cream 35% (Emmi)
250g White couverture Nuit Blanche 37.5% (Carma)
40g Olive oil extra vergine

Warm up the cream to 80°C and mix with the solid couverture. Slowly stir in the olive oil and homogenize briefly. Add chopped and drained olives and fill into the prepared chocolate molds.

Page 150

Recipe for approx. 120 portions

APPLE

CARDAMON, CARAMEL

APPLE JELLY

200g Apple puree
200g Sugar
50g Glucose
24g Sugar
6g Pectin Gelband
3g Citric acid liquid
4g Cardamom ground

Bring to a boil the apple puree, sugar and glucose. Combine the sugar with the pectin and add to the puree. Bring to a boil while stirring. To finish, quickly stir in the citric acid. Allow to cool and pipe into the praline molds to 1/3 full.

CARAMEL GANACHE

60g Sugar
360g Cream 35% (Emmi)
40g Butter
40g Glucose
8g Sorbitol
360g Milk Couverture Claire 33%(Carma)

Caramelize the sugar and deglaze with the cream. To finish, stir in the butter, glucose and sorbitol and pour the mixture over the solid milk couverture. Briefly homogenize the ganache again and fill into the molds.

Spray 120 praline halfsphere molds with yellow cocoa color and layer white couverture. Fill in the apple jelly and carefully cover with white couverture. Layer another 120 half sphere molds with dark couverture and fill in the caramel ganachee. Allow the ganache to crystallize for 12 hours and cover. Assemble both halves together with tempered couverture.

Recipe for approx. 60 Petits Fours

PAPAYA BERGAMOTTE

SPONGE

100g	Eggs
60g	Almond paste 1:1 (Carma)
40g	Butter
10g	Flour
10g	Starch flour

Beat the eggs with the almond paste. Stir in melted butter with flour and starch flour. Spread the mixture in a thin layer (5 mm) on a backing paper.
Bake in the convection oven at 180°C for around 9 min. Allow to cool down and cut out circles of Ø 3 cm.

BERGAMOTTE MOUSSE

200g	Bergamotte juice
100g	Sugar
12g	Gelatine Leaves
400g	Cream 35% (Emmi)
100g	Egg whites
100g	Sugar

Lightly warm the bergamot juice with sugar and gelatine. Carefully fold in the whipped cream. To finish, beat the egg whites with sugar until stiff and fold into the mixture. Cover plastic tubes of Ø cm with film and fill in the mousse. Freeze the sticks and cut them into pieces of 2.5 cm in length, place on the genoise circles. To continue, brush yellow/red cocoa butter color onto a plastic film of 3 cm in width, cover with a thin layer of tempered white couverture and wrap the mousse into.

PAPAYA COMPOTE

3 pcs.	Papaya
100g	Brillant-Gel

Peel the papaya and cut it into small dices, mix with the Brilliant-Gel.

Recipe for approx. 30 Petits Fours

LEMONGRASS GANACHE

SAFFRON, ALMOND

SAFFRON SPONGE

50g	Eggs
30g	Sugar
50g	Almonds ground
10g	Flour
2g	Saffron ground
7g	Sugar
25g	Egg whites

Beat eggs with sugar. Combine almond, flour and saffron and add to the egg mass. Beat the egg whites with sugar until stiff and fold into the mixture. Spread a layer of approx. 5 mm. Bake in convection oven at 170°C for approx. 10 minutes. Allow to cool down and cut out circles of Ø 2 cm.

LEMONGRASS GANACHE

50g	Cream 35% (Emmi)
12g	Butter
5g	Glucose
1 Piece	Lemongrass
80g	White Couverture Ivoire 35% (Carma)

Bring to a boil the cream, butter and glucose. Add the lemon grass and allow to steep for some minutes. Carefully warm up the cream mixture again, remove the lemongrass, add the white couverture and allow to melt. Homogenize and pipe into the prepared white couverture half sphere shells. Top with the sponge circles. Cover the half-spheres with tempered white couverture and and assemble together. Melt a small hole into the spheres and press in the candy stick.

EGG WHITE MERINGUE HOODS

100g	Sugar
100g	Egg whites
100g	Sugar

Beat egg whites with a little bit of sugar until stiff, add the remaining sugar and pipe small drops on a Silpat mat. Allow to dry at 50°C.

Page 158

Recipe for approx. 50 Petits Fours

BLACK TEA GANACHE

RASPBERRY, PUMPERNICKEL, ALMONDS

PUMPERNICKEL SPONGE

50g	Eggs
40g	Sugar
10g	Almonds ground
15g	Pumpernickel
10g	Flour
15g	Egg whites
5g	Sugar

Beat eggs with sugar. Combine the ground almonds with pumpernickel and flour and fold into the egg mass. Beat the egg whites with sugar until stiff. Fold the egg whites into the egg mass. Spread a layer of approx. 5 mm. Bake in convection oven at 180°C for approx. 12 minutes.

BLACK TEA GANACHE

100g	Cream 35% (Emmi)
7g	Black tea (e.g. Darjeeling)
50g	Butter
210g	Milk Couverture Claire 33%(Carma)

Bring the cream to a boil, add black tea and let step for 5 minutes. Strain and bring to boil again. Add the butter and pour over the couverture, melt and homogenize. Put the frame on the genoise and fill in the ganache approx. 5 mm thick, allow to solidify. Invert and apply a thin layer of dark couverture onto the spong and invert again. Immediately cut into pieces of 2 cm * 3 cm.

RASPBERRY JELLY

90g	Raspberry puree
90g	Sugar
40g	Glucose
5g	Pectin
10g	Sugar
5g	Citric acid liquid

Bring to boil the raspberry puree, sugar and glucose until diluted. Combine pectin and sugar, add to the mixture and bring to 106°C. Add the liquid citric acid and pour into a ring, approx. 5 mm thick. Allow to set for 24 hours. Combine sugar and the copper powder color, coat the jelly. Cut into pieces of 1.5 cm * 1.5 cm.

ALMOND PASTE

150g	Almond paste

Roll out the almond paste 5 mm thick and cut into strips of 3 cm length.

Page 160

Recipe for approx. 70 Petits Fours

NOUGAT MONTELIMAR

APRICOT, PISTACCHIO, ALMOND

NOUGAT MONTELIMAR

180g	Sugar
100g	Honey (Lavender)
110g	Glucose
50g	Water
40g	Egg whites
10g	Sugar
80g	Pistachios
100g	Hazelnuts
10g	Almonds

Bring the sugar, honey, glucose and water to 146°C. Beat the egg whites with the sugar and add the honey-sugar-mixture into the mixer when stirring. Continue to stir for 15 minutes. Roast pistachios, hazelnuts and almonds at 150°C for approx. 15 minutes and add to the egg mass when still warm. Roll out around 1 cm thick between two Silpat mats. To finish, press edible paper or oblates on top and bottom. Allow to cool down and cut into pieces of 4 cm * 1.5 cm.

APRICOT SUGAR CRUSTED

250g	Sugar
120g	Water
100g	Apricot brandy 40%Vol. (Lateltin)
	Some yellow food coloring

Boil water and sugar to 118°C and add stir in apricot brandy and yellow food coloring using an egg beater. Fill the mixture into the prepared warm loaf pan. Let crystallize for 4 - 6 hours. Powder and rinse with cold water. Immediately dry with absorbent cloth.
Tip: Use an whisk for stirring which helps to form crystals and accelerates the formation of a crust.

Page 162

Recipe for approx. 30 Petits Fours

COLD CAPPUCCINO

SHAKE

80g	Yolk
800g	Espresso
80g	Sugar

Mix the yolk with the espresso and the sugar, warm up to 85°C. Allow to cool down and fill into test tubes.

MILK FOAM

200g	Milk
2g	Lecithin

Mix the ingredients and lightly warm the mixture, foam up.

Page 164

Recipe for approx. 50 Petits Fours

TROPICAL COCONUT

STENCILED MIXTURE

20g	Butter
40g	Icing sugar
10g	Coconut ground
30g	Eggs
50g	Flour
10g	Water

Quickly mix all ingredients. Stencil the mixture Ø 28 mm, 4 mm height. Powder with glacier powder and bake in the convection oven for 14 minutes at 155°C.

PINEAPPLE RAGOUT

20g	Sugar
10g	Butter
1 Pieces	Vanilla bean
200g	Pineapple

Caramelize the sugar, stir in the butter. Add the vanilla bean and the Pineapple, cut into small dices, let simmer until softened. Allow the ragout to cool down and fill into dark half-spheres shell 1/3 full.

TROPICAL GANACHE

70g	Sugar
60g	Glucose
80g	Cream 35% (Emmi)
70g	Banana puree
30g	Passion fruit juice
40g	Butter
80g	Milk Couverture Claire 33%(Carma)

Lightly caramelize sugar and glucose, add the cream. Add the purees and allow to cool down to 35°C and stir in tempered butter and couverture. Top the half spheres with the ganache. Allow to crystallize and cover with tempered couverture. Put together two half-spheres and brush lightly with a wire brush. Fix the balls on the stenciled cookie and decorate.

Page 166

Recipe for approx. 30 Petits Fours

ICICLE GIN

CARAMEL

80g	Sugar
30g	Glucose
20g	Butter
60g	Lemon juice
30g	Gin the Botanist 40%Vol. (Lateltin)

Caramelize sugar and glucose, slowly stir in the remaining ingredients. Allow the mixture to cool and fill into molds 1/3 full. Freeze.

PARFAIT

120g	Yolk
30g	Sugar
1 Pieces	Vanilla bean
40g	Gin the Botanist 40%Vol. (Lateltin)
200g	Cream 35% (Emmi)

Beat sugar, yolk and vanilla (warm/cold). Fold in the gin and whipped cream. Pour into the molds and cover with tempered dark couverture. Decorate.

Page 168

Recipe for approx. 30 Petits Fours

APPLE PARFAIT

PARFAIT

60g	Sugar
60g	Yolk
1 Pieces	Vanilla bean
2g	Gelatine Leaves
80g	Apple puree
60g	Calvados 40%Vol. (Lateltin)
240g	Cream 35% (Emmi)

Beat sugar, yolk and vanilla (warm/cold). Add soaked gelatine and continue stirring. Add the apple puree and the calvados. Fold in the whipped cream. Fill into Flexipan Savarins of 4 cm Ø and Flexipan round molds of 4 cm Ø. Let freeze for at least 3 hours or better place in a blast freezer to take form.
Take out of the molds and spray with cocoa butter color (yellow, green, red).

Page 170

Recipe for approx. 100 Petits Fours

AMARETTI-AMARETTO

MERINGUE

75g	Egg whites	Beat the egg whites with sugar until stiff. Fold in the starch and the ground amaretti. Stencil the mixture Ø 2.5 cm, 0.4 cm height. Sprinkle with ground amaretti and glacier powder. Bake in convection oven at 150°C for approx. 10 minutes.
75g	Sugar	
8g	Starch flour	
50g	Amaretti ground	

GANACHE

150g	Butter	Lightly warm the butter, beat until creamy. Stir in the melted couverture and slowly add the Amaretto while constantly stirring. Pipe the ganache on a meringue case and cover with the second case. Decorate.
300g	Dark Couverture Bourbon 50% (Carma)	
130g	Amaretto DelFino 45%Vol. (Lateltin)	

Page 172

Recipe for approx. 30 Petits Fours

PINEAPPLE THAI BASIL SMOOTHIE

SMOOTHIE

1kg	Pineapple puree	Mix the frozen Pineapple puree with the Thai basil in a blender until creamy.
10g	Thai basil	

Sweet Inspirations